W0095584

Ulrike Piechota
Hier stehe ich in Luthersocken

ULRIKE PIECHOTA

HIER STEHE ICH IN LUTHER-SOCKEN

Unterhaltsame
Geschichten rund um
den Reformator
und seine Verehrer

benno

Alle in diesem Buch geschilderten Ereignisse und Personen sind frei erfunden. Etwaige Ähnlichkeiten mit lebenden Personen und Ereignissen sind zufällig und nicht beabsichtigt.

Bibliografische Information der Deutschen Nationalbibliothek
Die Deutsche Nationalbibliothek verzeichnet diese
Publikation in der Deutschen Nationalbibliografie;
detaillierte bibliografische Daten sind im Internet unter
http://dnb.d-nb.de abrufbar.

Besuchen Sie uns im Internet:
www.st-benno.de

Gern informieren wir Sie unverbindlich und aktuell
auch in unserem Newsletter zum Verlagsprogramm,
zu Neuerscheinungen und Aktionen.
Einfach anmelden unter www.st-benno.de.

ISBN 978-3-7462-5058-8

© St. Benno Verlag GmbH, Leipzig
Umschlaggestaltung: Rungwerth Design, Düsseldorf
Umschlagabbildung: © AlenKadr/Fotolia (Socke), © Erica Guilane-
Nachez/Fotolia (Luther)
Gesamtherstellung: Kontext, Lemsel (A)

INHALT

VORWORT ZU EINER
SPEKTAKULÄREN ZEITREISE

*N*iemals empfindet man die Hand Gottes gegenwärtiger über sich, als wenn man die Jahre seines Lebens noch einmal vorüberziehen sieht", sagte Martin Luther.

Spannend, diese vorüberziehenden Jahre. Spannend aber auch, was in den Jahren nach dem Leben so in der Welt passiert. Um das zu erfahren, müsste man ab und zu auferstehen und für kurze Zeit in die Welt zurückkehren. Was nur wenigen herausragenden Menschen gelingt. Selbstverständlich ist Martin Luther einer von ihnen. Also aufersteht er zuweilen und schaut sich interessiert vor allem in der Welt der Christen um. Hat man ihn vergessen? Nein! Gott sei Dank nicht! Im Gegenteil! Man zitiert ihn, schreibt gelehrte Bücher über seine Lehre, singt seine Lieder, dreht Filme mit ihm als Hauptperson. Er kann also beruhigt dahin zurückkehren, wo auch immer er sich jetzt aufhält. Dort ist natürlich auch seine Ehefrau Katharina, die er auf Erden manchmal

„Lutherin" nannte. Besonders dann, wenn er etwas bei ihr erreichen wollte.

Deshalb nahm er sie auch jetzt liebevoll bei der Hand und fragte: „Liebe Lutherin, wie wäre es, wenn du mich einmal auf die Erde begleiten würdest?"

Die Lutherin zierte sich ein Weilchen. Eigentlich hatte sie keine Lust. Auf der Erde war alles so anders als vor fünfhundert Jahren. Ganz fremd würde sie sich dort vorkommen.

„Unsinn, fremd", sagte Luther. „Immerhin ist jetzt Lutherjahr. Ich wette, da wirst auch du ein bisschen geehrt. Nicht nur ich."

„Wie – Lutherjahr?" Das Interesse der Lutherin war geweckt.

Luther erklärte es ihr. Vor fünfhundert Jahren hatte er die Thesen an die Schlosskirche zu Wittenberg geschlagen. Und deshalb wurde ihm zu Ehren das Lutherjahr gefeiert.

Ach so, der alte Hut, dachte die Lutherin. Trotzdem packte sie plötzlich die Neugier. Was hatten die Menschen sich wohl ausgedacht, um ihren Martin zu feiern? Doch, ja, sie kam mit.

„Wir sind's noch nicht, wir werden's aber. Es ist noch nicht getan und geschehen, es ist aber im Gange", zitierte Luther sich selbst und schritt

7

würdig zusammen mit seiner Lutherin ins Lutherjahr.

Interessiert schauten sie zu, was da so im Lutherjahr vor sich ging. Nach jedem Erlebnis setzten sie sich in einem Park auf eine Bank und diskutierten miteinander. Es ist gelungen, ein paar dieser ehelichen Dialoge zu erhaschen und aufzuschreiben.

ENDLICH VEREINT

Rose und Horst saßen beim Mittagessen. Es gab Schweinebraten mit Knödeln und Blaukraut. Im Fernsehen hatte das Ehepaar gerade den neunzehnten oder zwanzigsten Festakt zu Ehren des Lutherjahres verfolgt. So genau hatten sie nicht mitgezählt. Sie saugten einfach alles auf, was mit dem Lutherjahr zu tun hatte. Predigten, Choräle, Konzerte, Vorträge, Talkshows, Festspiele. Das berühmteste Lutherlied wurde so oft gesungen oder rezitiert, dass sie es mittlerweile auswendig konnten.

„Ein feste Burg ist unser Gott …", summte Horst vor sich hin, während er sich den zweiten Knödel nahm.

Rose nickte, schüttelte aber gleich darauf den Kopf. Sie dachte an das Tagebuch ihrer Urgroßmutter, das sie vor ein paar Tagen auf dem Dachboden gefunden hatte. Oder war es die Ururgroßmutter gewesen, die dem Büttenpapier ihren Liebeskummer anvertraut hatte? Gleichgültig. Wichtig war nur, dass Else, so der Name jener

Tagebuchschreiberin, bei ihrer Hochzeit todunglücklich gewesen war. Wegen der festen Burg. Genauer gesagt, wegen Martin Luther, dem Verfasser der festen Burg. Schönster Tag im Leben einer Frau? Pustekuchen.

„Und warum war sie an diesem Tag unglücklich?" Rose schaute ihren Ehemann streng an. „Ich will es dir sagen: weil sie einen Hermann geliebt hat. Der Bräutigam dagegen hieß Wilhelm. Und weißt du, was ich glaube? Dass die feste Burg sie bei ihren heimlichen Tränen absolut nicht getröstet hat. Vermutlich hat sie die feste Burg sogar verflucht."

„Wieso das denn? Und welche Burg überhaupt? Wovon redest du?", fragte Horst.

Rose schlug sich ungeduldig an die Stirn. Horst verstand aber auch gar nichts. Gerade eben noch hatte er das Lied von der festen Burg gesummt. Da musste er doch wissen, worum es im Zusammenhang mit der unglücklichen Else ging. Männer hatten manchmal eine endlos lange Leitung. Aber gut, sie wollte es ihm erklären.

„Also", begann sie, „Else war evangelisch. Hermann war katholisch. Das geht aus den Tagebuchaufzeichnungen hervor. Damals, zu Elses Zeit, war es aber noch verpönt, wenn nicht sogar

10

verboten, dass Evangelische und Katholische heiraten durften. Die Kirche machte Schwierigkeiten, die Eltern, die Verwandten, die Freunde, kurz, alle stemmten sich gegen so eine Verbindung. So auch in Elses und Hermanns Fall. Sie wollten für ihre Liebe kämpfen, schreibt Else, aber das hat nicht geklappt. Die Kirche war stärker. Hätte es die Reformation nicht gegeben, hätte Luther nicht das Lied von der festen Burg gedichtet, hieße mein Ur- oder Ururgroßvater jetzt nicht Wilhelm, sondern Hermann. Meine Gene wären total anders als die, die ich über Wilhelm mitbekommen habe. Stell dir das mal vor."

Horst stellte es sich vor, kam aber zu keinem Ergebnis. Vielleicht hätte Rose dann schwarze statt blonde Haare gehabt? Falls jener Hermann schwarzhaarig gewesen war. Was jetzt, über hundert Jahre später, niemand mehr wissen konnte. Er pustete Luft durch die Nase. Zeiten waren das damals gewesen, nicht zu fassen. Wie gut, dass sie heute lebten, wo es keine Rolle mehr spielte, ob jemand evangelisch oder katholisch war.

„Nun ja", sagte Rose, „ein Rolle spielt es schon noch. Aber keine sehr große. Horst", ihr Gesicht wurde plötzlich blass vor Schreck, „ Horst, denk mal an die Zeiten, als sich evangelische und katholische Menschen sogar mit dem Schwert bekämpft haben. Oder was hatten die damals für Waffen? Egal. Jeder dachte, er hätte recht und müsste den anderen umbringen. Wegen dem Glauben an Gott, Horst, stell dir das nur mal vor! Wenn es wenigstens unterschiedliche Götter gewesen wären, um die es bei den Kämpfen ging. Aber nein, die Kontrahenten glaubten an den gleichen Gott. Stell dir das vor, Horst!"

Diese Vorstellung fiel Horst etwas leichter als eine Ehefrau mit Hermanns Genen. Er erinnerte Rose an die Sunniten und Schiiten, die sich ebenfalls gegenseitig abmurksten, wie er sich ausdrückte. Obwohl auch sie als Moslems an den gleichen Gott glaubten. Sie nannten ihn Allah. Die Zeiten hatten sich nicht geändert. Sehr traurig.

Rose wollte jetzt nicht an die Glaubenskriege anderer Religionen denken. Vor der eigenen Haustür sollte zuerst gekehrt werden, wie schon das Sprichwort sagte. Also blieb sie gedanklich bei den Christen, die an den gleichen Gott glaubten und trotzdem noch immer gespalten waren. Absurd, das alles. Irgendetwas musste man doch dagegen tun. Und plötzlich kam ihr die Erleuchtung. Ihre Wangen färbten sich vor Begeisterung hellrot. Mit erhobener Stimme sagte sie:

„Wenn beide Kirchen, die evangelische und die katholische, den Willen hätten, Vorbild für alle anderen Religionen zu werden, dann …"

„Dann was?" Horst sah sie auffordernd an.

„Dann", fuhr Rose fort, „dann würden sie sich endlich wieder vereinen, also die Evangelischen und die Katholischen. Das dürfte doch in der heutigen modernen und vor allem aufgeklärten Zeit nicht so schwierig sein. Wo sogar der katholische Kardinal Lehmann die Luthermedaille bekommen und angenommen hat. Das wäre zu Elses Zeiten undenkbar gewesen."

„Da gab es den Kardinal Lehmann ja auch noch nicht", fügte Horst richtig hinzu.

Rose holte den Nachtisch, Vanillepudding mit aufgetauten Erdbeeren. Köstlich. Nachdenklich steckte sie sich eine Erdbeere in den Mund, ließ dabei eine christliche Welt vor sich und Horst erstehen, die befreit von den Begriffen evangelisch und katholisch war. Eine vereinte Christenheit blieb zurück, die alle Differenzen ausgeräumt hatte.

„Den da würde es freuen." Rose zeigte gen Himmel.

Bevor diese ganz bestimmt gottgewollte Einigkeit beginnen konnte, mussten natürlich beide Seiten

etwas hergeben oder von dem anderen übernehmen. Das war in einer Ehe nicht anders. Horst sah
sie ratlos an. Wie meinte sie das denn?

„So wie ich es gesagt habe", erklärte sie ihm geduldig. „Als wir geheiratet haben, hast du zum
Beispiel dein altes Klavier mit in die Ehe gebracht. Obwohl ich eigentlich dagegen war. Aber
ich habe nachgegeben, erinnerst du dich?"

Horst erinnerte sich noch gut, wie Rose sein
Klavier als Staubfänger beschimpft hatte. Nach
zehn Ehejahren war es ihr gelungen, das Klavier
zu entsorgen.

„Ich hätte es gern behalten", sagte Horst in Er-
innerung an die ehelichen Klavierdebatten. Die
ihm eines Tages einfach zu dumm geworden waren.

Rose machte eine abwehrende Handbewegung.
Sie hatte in der Ehe auch Federn lassen müssen.
Doch diese alten Kamellen standen jetzt nicht zur
Debatte. Jetzt und hier ging es um die Christen,
die sich zu einer einzigen Kirche zusammen-
schließen mussten.

Sie bat Horst, ihr jetzt gut zuzuhören, und begann, ihre Idee konkret zu entwickeln: „Also, wir
Protestanten könnten zum Beispiel ein paar Heilige der katholischen Kirche übernehmen. Die

schaden uns nicht, finde ich. So sechs oder sieben vielleicht. Die heilige Hildegard zum Beispiel. Die mögen wir Evangelischen doch auch. Hildegardkekse, Hildegardsäfte, Hildegardmedizin. Hildegard ist sozusagen eine ökumenische Heilige, von allen anerkannt und gleichermaßen beliebt. Zum Disibodenberg, wo diese Hildegard mal gelebt hat, pilgern auch viele evangelische Christen. Kein Problem. Auf andere Heilige müssten die Katholiken verzichten. Welche das sein könnten, sollen die Theologen unter sich ausmachen. Oder eine Befragung aller Katholiken und Protestanten anleiern. Solche Befragungen sind ja heutzutage modern. Einfach alle Heiligen auf eine Liste schreiben und dann wird angekreuzt. Weiter. Als Nächstes fallen mir die Todsünden ein. Die könnten sicher mit Leichtigkeit von der katholischen Kirche abgeschafft werden, denke ich. Sehr zeitgemäß sind die nicht mehr. Wie, du weißt nicht, welche Sünden zu den Todsünden gehören? Aber Horst! Google das nachher, dann weißt du es. Weiter. Der Weihrauch. Den wiederum könnten wir Protestanten komplett übernehmen. Der riecht einfach gut, finde ich. Warum soll es in einer Kirche nicht gut riechen? Was willst du wissen? Wozu der Weihrauch gut ist? Nun ja, mein Motto ist da: Er nutzt nichts und er schadet nichts. Aber er riecht gut, basta. Und dann …"

„Halt!", meldete Horst sich zu Wort, den Roses Begeisterung und Einfallsreichtum plötzlich angesteckt hatten. „Vergiss nicht, dass wir Protestanten auch was hergeben müssen. Ich denke da an die schwarzen Talare. Die sehen doch sehr düster aus. Manche Pfarrer legen sich ab und zu schon bunte Schals drüber. Da können sie auch gleich das farbige Zeugs anziehen, das die katholischen Priester anhaben. Ist einfach freundlicher als das triste Schwarz. Und die Beffchen sollten dann gleich mit verschwinden."

Rose nickte. Gute Idee. Die Beffchen waren meist ohnehin nicht blütenweiß, wie sie sein sollten. Das sah man recht gut, wenn man dem Pfarrer zum Händeschütteln am Ausgang der Kirche sehr nahe kam. Ach ja, bei blütenweißen Beffchen fielen ihr die armen katholischen Priester ein, die noch immer nicht heiraten durften. Obwohl sie es schon lange forderten. Jedenfalls einige. Das Zölibat, beschloss Rose folglich, dürfte demnach auf keinen Fall von den Protestanten übernommen werden. Gut so! Abgehakt. Was war da noch? „Maria!", rief Horst und hob die Hand. Was war mit Maria und deren Verehrung? Eigentlich auch nicht mehr zeitgemäß. Weg damit? Rose wiegte den Kopf hin und her. Maria war ein heikles Kapitel. So einfach war das nicht. Rosenkranz und so. Gegrüßet seist du, Maria, das saß tief in den Katholiken.

„In den Jüngeren nicht", vermutete Horst, war sich aber nicht so ganz sicher. Na gut, Rose wiegte den Kopf erneut hin und her. Das Problem könnten ja dann wieder die Theologen untereinander lösen. Immerhin waren sie die Fachleute. Obwohl, fiel ihr ein, ein bisschen Maria hatten die Evangelischen ja auch. Beim Krippenspiel zu Weihnachten.

„Ich habe einmal die Maria spielen dürfen", teilte sie Horst mit. „Das war einfach das Höchste für mich. Absolut! Hinter der Krippe sitzen, fromm gucken, ein tolles Gefühl. Mein Kleid war blau. Der Umhang weinrot. Josef, lieber Josef mein, habe ich gesungen, hilf mir doch wiegen mein Kinderlein."

Dagegen war der Josef eine ganz miese Rolle im Krippenspiel, wusste Horst aus Erfahrung. Einmal hatte er den Josef übernehmen müssen. Stumm und grinsend hatte er neben Maria gestanden. Niemand hatte ihn so richtig beachtet. Hirte zu sein war viel lustiger.

Maria wurde vorerst beiseitegestellt. Über deren Rolle in der vereinten Kirche wollte das Ehepaar noch einmal gründlich nachdenken.

Was war da noch? Beinahe gleichzeitig dachten sie beide an die katholischen Feiertage, die in eher katholisch geprägten Bundesländern gesetzliche Feiertage waren. Irgendwie ungerecht gegenüber den eher evangelisch geprägten Bundesländern.

„Fronleichnam", sagte Rose. „Klingt irgendwie makaber. Klingt so gar nicht nach Sommer, ist aber immer im Sommer. Das Wetter ist meistens schön, hervorragend geeignet für Ausflüge. Dazu die netten Prozessionen. Könnte eigentlich bleiben. Vielleicht sollte man den Namen ändern. Leichnam passt nicht zum Sommer."

Allerseelen, schlug Horst vor, sollte ebenfalls erhalten bleiben. Da ging auch er als Protestant ganz gern einmal auf den Friedhof. Gut. Rose steckte eine weitere Erdbeere in den Mund. Schön, wenn man so schnell zu einer Einigung kam.

Jetzt mussten sie noch die evangelischen Feiertage bedenken. Ratlos sahen sie sich an.

„So viele gibt's da nicht", sagte Horst. Bußtag war seit Jahren schon gestrichen. Reformationstag sollte nur am Ende des Lutherjahres ein Feiertag für alle werden. In normalen Jahren ...

18

Rose unterbrach ihn. Reformationstag konnte nach der Vereinigung der beiden Konfessionen auf keinen Fall mehr gefeiert werden. Das würde ja vernarbte Wunden aufreißen und die alten Konflikte jedes Jahr aufs Neue wiederbeleben.

Na gut. Horst steckte sich auch eine Erdbeere in den Mund. So schlimm war das nun auch wieder nicht.

Der Vanillepudding und die Erdbeeren waren aufgegessen. Beim Espresso stellten beide – Horst und Rose – übereinstimmend fest: Eigentlich war es nicht schwer, aus Katholiken und Protestanten eine vereinte christliche Kirche zu machen.

„Wo ein Wille ist", sagte Rose, „ist auch ein Weg. Du siehst ja, was uns beiden einfachen Leuten jetzt schon zu dem Thema eingefallen ist."

„Aber wenn kein Wille da ist", erwiderte Horst, „ist dann leider auch kein Weg da."

„Richtig!", stimmte Rose ihm zu. Sie trank einen Schluck von dem Espresso. Offenbar hatte es den verantwortlichen Theologen bisher am Willen gefehlt.

„Ja, ja", seufzte Horst, „das war schon immer so: Wir einfachen Leute haben den Willen. Die Theologen hätten den Weg."

Rose hatte den von Horst verwendeten Konjunktiv ganz gut verstanden. So war das eben im Leben. Und nicht nur in der Kirche. Schade eigentlich. Es wäre doch zu schön, wieder eine einzige christliche Gemeinde zu sein. Obwohl, sie rührte Zucker in ihren Espresso, obwohl es auch wieder egal war. Katholisch oder evangelisch, heutzutage haute sich niemand mehr die Köpfe wegen Glaubensfragen ein. Jedenfalls in Europa nicht. Mal von Irland abgesehen. Irland war weit und interessierte jetzt nicht. Else jedenfalls, würde sie heute leben, hätte in Frieden ihren Hermann heiraten können. Und wenn Hermann Buddhist oder Moslem gewesen wäre, hätte auch niemand etwas dagegen eingewendet.

Rose faltete die Hände, als sie nach dem Espresso vermeintlich das Schlusswort zu dem Thema sprach: „Lass uns dankbar sein, lieber Horst, dass wir das Lutherjahr mit all den schönen Feiern haben."

Amen! Horst holte die Kognakflasche. Sie hatten ihren Martin Luther. Dafür hatten die Katholiken ihren Papst. Also kein Grund zum Neid.

Rose schreckte auf. Ach ja, der Papst. Den hatten sie ja ganz vergessen. Wohin mit ihm, wenn Katholiken und Protestanten sich doch irgendwann einmal vereinten? Der konnte nicht weg.

Der musste bleiben. Das war ihr klar. Am Papst hingen die Katholiken. Und zu Ostern war es ja auch sehr schön, wenn er im Fernsehen seinen Segen sprach. Urbi et orbi. Da lief auch manchem Protestanten ein Schauer über den Rücken. Außerdem – wer sollte im Vatikan wohnen, wenn der Papst ausgemustert würde? Während sie die Espressotassen zusammenstellte, kam ihr die rettende Idee. Vielleicht könnte es wechselweise einen katholischen und einen evangelischen Papst geben. Also einen, der früher katholisch gewesen war, danach einen, der früher evangelisch …

Horst unterbrach sie. Darüber konnten sie nachher weiterdiskutieren. Jetzt war es Zeit für einen Kognak und einen erholsamen Mittagsschlaf.

AUF EINER PARKBANK
IN DÜSSELDORF

Luther: Hast du das gehört, Lutherin? Da lässt einen ja die Dummheit in die Kissen schluchzen.

Lutherin: Wieso? Klingt doch gar nicht so schlecht, was die Rose und der Horst sich da ausgedacht haben.

Luther: Ich bitte dich! So einfach ist es nun wirklich nicht, die beiden Konfessionen zu vereinen. Wenn ich da an die Mühe denke, die ich mir damals mit meinen fünfundneunzig Thesen gegeben habe. Und dann kommt so ein Ehepaar daher und will das bei einem einzigen Mittagessen zunichtemachen.

Lutherin: Immerhin gab es etwas Gutes. Knödel mit Schweinsbraten.

Luther: Na und? Fettes Essen schaltet den Verstand aus. Ein altes Sprichwort.

Lutherin: Unsinn! So ein Sprichwort gibt es nicht. Außerdem hast du auch immer gerne und gut gegessen. Das Trinken nicht zu vergessen.

Luther: Willst du mir das jetzt etwa zum Vorwurf machen?

Lutherin: Vergiss es!

Luther: Mache ich. Also zurück zu diesem Ehepaar. Immerhin haben beide, Mann und Frau, bisher das Lutherjahr aufmerksam verfolgt. Lobenswert, aber leider haben sie nichts davon begriffen. Nein, meine Liebe, so geht das nicht. Das ist Sache der Gelehrten. Bedauerlicherweise gibt es da kaum noch jemanden von meinem Kaliber. Ich jedenfalls sage dir: Wenn die Konfessionen sich je vereinen sollten, dann müssen die Katholiken schon evangelisch werden. Anders geht das nicht.

Lutherin: Und weil das nie passieren wird, bleibt alles beim Alten.

Luther: So wird es sein. Und weißt du, warum das so ist? Der Kirche heutzutage fehlt so ein Genie wie ich es war.

Lutherin: Wenn du meinst.

Luther: Das meine ich nicht nur, davon bin ich fest überzeugt. Denk dran, was ich einmal gesagt habe: „In Kürze wird es an Pfarrern und Predigern so sehr mangeln, dass man die jetzigen aus der Erde wieder herauskratzen würde, wenn man sie haben könnte."

23

Lutherin: Mann, Mann, Mann, eingebildet bist du wohl gar nicht?

Luther: Schweig, Weib! Von all dem verstehst du nichts.

Lutherin: Ein Glück, dass uns niemand hören kann!

DIE LUTHERJAHRFRAGE

*M*itte des Lutherjahres. Anlass für eine große Tageszeitung, ein Resümee zu ziehen. Was hatte es den Menschen im Land bisher gebracht, das Lutherjahr? Allen Bürgern im Land konnte diese Frage nicht gestellt werden. Aber wenigstens ein paar sollten stellvertretend für die große Masse ganzseitig zu Wort kommen.

Wen sollte man auswählen? Einen Bischof, Präses, den Ratsvorsitzenden der Evangelischen Kirche? Der zuständige Redakteur schüttelte den Kopf. Immer wieder war in diesem Jahr Martin Luthers Ausspruch zitiert worden, dem Volk aufs Maul zu schauen. Damit, wusste sogar der an sich nicht kirchlich orientierte Redakteur, waren keinesfalls die Oberen der Kirche gemeint. Das Volk, das waren in Luthers Sinn einfache Leute. Sozusagen Hinz und Kunz. Also musste man sich aufmachen, um Hinz und Kunz zu suchen und zu befragen.

Bernd Holler, so hieß der Redakteur, setzte sich ins Auto, fuhr los, hielt an einer Tankstelle, um zu tanken. Der Mann an der Kasse hatte gerade nichts zu tun. Also fragte Bernd Holler ihn: „Was hat Ihnen das Lutherjahr bisher gebracht?"

Der Tankwart sah ihn misstrauisch an. Wollte der Kunde ihn veräppeln oder was? Er war Moslem und Türke, zwar voll integriert, wie es so schön hieß, doch mit Luther und dem Lutherjahr hatte er trotzdem nichts am Hut. Davon gehört hatte er, ja, aber mehr war da nicht. Es hatte ihn auch nicht interessiert. Wenn im Radio oder Fernsehen die Rede von jenem Luther war, schaltete er schnell um. Obwohl – da war doch etwas, fiel ihm plötzlich ein. Sein Kumpel, der Bäcker gegenüber, der hatte diesen Luther irgendwann mal erwähnt. Wie der zurzeit seine Umsätze steigern würde. Oder so ähnlich.

„Umsätze steigern? Beim Bäcker?", fragte Bernd Holler befremdet. Falls der Kumpel auch Türke und Moslem war, konnte er sich den Weg in die Bäckerei sparen.

„Er ist Deutscher und Christ", versicherte der Tankwart. Na gut. Bernd wollte ohnehin ein belegtes Brötchen kaufen. Bei der Gelegenheit konnte er dem Kumpel die gewisse Frage stellen. Kein großer Verlust, wenn der auch keine Antwort auf die Lutherjahrfrage hatte. Er war ja erst am Anfang der Befragung.

„Was mir das Lutherjahr bisher gebracht hat, wollen Sie wissen? Und mein Freund, der Tankwart, hat Sie geschickt? Dann sind Sie willkommen."

Der Bäcker überließ die Verkaufstheke der Aushilfe. Bat Bernd Holler in einen kleinen Nebenraum, bot ihm einen Stuhl an, dazu ein Vanillekipferl und eine Tasse Kaffee.

„Also", begann er, „das Lutherjahr war für mich bisher ein einziger Segen."

„Segen? Wieso das denn?" Vor Schreck verschluckte Bernd sich am Kaffee. Wahrscheinlich war er an einen Christen geraten, der endlos von der Herrlichkeit des Glaubens erzählen und sein Gegenüber missionieren wollte. So einen hatte er mal vor Jahren interviewt. Zugegeben, der war Mitglied einer Sekte gewesen. Danach hörte es sich nun aber doch nicht an, was der Bäcker ihm jetzt verriet.

„Segen", der Bäcker lachte, „so nennt man das eben, wenn die Kasse klingelt, verstehen Sie?"

„Nein", erwiderte Bernd unsicher. Segen und das Klingeln der Kasse brachte er nicht unter einen Hut.

Der Bäcker lachte zum zweiten Mal. Der Herr Redakteur hatte offenbar null Ahnung. Man musste nur eine Idee haben, die einschlug. Und

27

dann klingelte eben die Kasse, sprich die Verkaufszahlen stiegen rasant in die Höhe.

„Und so eine Idee habe ich gehabt", erklärte er. „Ich habe Lutherbrötchen gebacken, Lutherbrot, Luthermarmorkuchen, Luthercremetorte, Lutherhefezopf, Luthercroissants und, und, und ..."

„Waren das alles Rezepte aus Luthers Zeiten?", fragte Bernd beeindruckt. Der Bäcker musste ja tief in die Geschichte eingedrungen sein. Also in die Geschichte der mittelalterlichen Backwaren. Konnten die damals wohl schon so gut backen, dass es auch dem modernen Gaumen heutzutage noch gerecht wurde?

„Was reden Sie da für einen Stuss", wehrte der Bäcker unhöflich ab. Natürlich hatte er keine alten Backbücher gewälzt. Falls es die damals überhaupt schon gegeben hatte. Er hatte keinen Schimmer von den Backwaren, die der echte Luther gegessen hatte. Nein, er hatte seine Backwaren einfach nur mit dem Vorwort „Luther" versehen. Und schon war aus dem einfachen, langweiligen Brötchen ein Lutherbrötchen geworden Für das er glatt zehn Cent mehr nehmen konnte. Bernd fasste sich an die Stirn. So dumm konnten doch wohl die Kunden nicht sein und einfach auf ein Vorwort ...

„Sind sie ja auch nicht", unterbrach ihn der Bäcker. „Ich war natürlich so schlau, die Backwaren ein wenig zu verändern. Nicht die Konsistenz des Teiges, sondern die Oberfläche."

„Wie – Oberfläche?" Bernd verstand noch immer nicht. Der Bäcker stand auf, ging hinaus, kam mit einem Brötchen wieder, gab es Bernd in die Hand. Und? Fiel ihm etwas auf?

Bernd betrachtete das noch warme Brötchen in seiner Hand. Es duftete verlockend. Ja! Jetzt sah er es! Ein eingeritztes M, dann folgte ein eingeritztes Kreuz, daneben ein eingeritztes L. Sogar er als nicht praktizierender Christ wusste, wem die Initialen galten: Martin Luther.

Der Bäcker seufzte erleichtert auf. Erzählte stolz von den Torten, auf die er mit Buttercreme die Lutherrose spritzte. Was das war, die Lutherrose? Er schüttelte den Kopf. Keine Zeit, um sich auch noch um den Sinn eines Symbols zu kümmern. Da musste der Herr Redakteur schon den Herrn Pastor fragen. Der übrigens erst neulich fürs Gemeindefest zehn solcher Luthertorten bestellt hatte. Zehn! Wusste der Herr Redakteur diese gewaltige Zahl einzuordnen? Durch die Lutherrose konnte man glatt fünf Euro mehr für die Torte nehmen.

Nachdenklich steckte sich Bernd Holler das letzte Stück von dem Vanillekipferl in den Mund. Ließ sich von dem Bäcker belehren, dass normalerweise auf jedem Vanillekipferl eine aus Marzipan geformte Bibel klebte. „Auf der, die Sie gegessen haben, hatte mein Lehrbub die Bibel vergessen. Was Ihnen hoffentlich nichts ausmacht?"

Bernd Holler erhob sich. Nein, das machte ihm ganz und gar nichts aus. Marzipan aß er ohnehin nicht gern. Er bedankte sich bei dem Bäcker und stieg ins Auto. Während er den ersten Gang einlegte, dachte er an seinen geplanten Artikel über das Lutherjahr. Ob die Redaktion einverstanden war mit der klingelnden Kasse des Bäckers? Nun ja, einmal war keinmal, wie das Sprichwort sagte. Eine einzige Antwort auf seine Frage konnte demnach als keine Antwort eingeordnet werden. Er musste ja nicht alles schreiben, was er von den sogenannten einfachen Leuten erfuhr. Der Kaffee jedenfalls war sehr belebend gewesen. Frohgemut fuhr er weiter, parkte das Auto im Parkhaus und machte sich auf den Weg in die Stadt. Wo es nur so von einfachen Leuten wimmelte. Er steuerte auf eine Frau zu, die gerade aus der Buchhandlung kam und ihre Einkaufstüte auf dem Boden abstellte. Offenbar war sie nicht in Eile. In aller

Ruhe zündete sie sich eine Zigarette an. Bernd Holler trat neben sie, fragte, ob er …

„Wollen Sie eine?", unterbrach ihn die Frau und hielt ihm die Zigarettenschachtel vor die Nase. Bernd schüttelte den Kopf. Nein, er kam von der Zeitung und wollte ihr lediglich eine Frage stellen. „Was hat Ihnen das Lutherjahr bisher gebracht?"

Die Frau nickte erfreut. Das war eine gute Frage. Und ausgerechnet hier und jetzt hatte sie Lust, ausführlich darauf zu antworten. Also: Das Lutherjahr hatte ihr sehr viel gebracht. Und zwar gerade eben, vor zehn Minuten in der Buchhandlung. Endlich hatte sie die passenden Geburtstagsgeschenke für Tante Lili, Onkel Hans und Oma Emma gefunden.

„Wissen Sie", vertraute sie Bernd an, „die haben nämlich alle in einer einzigen Woche Geburtstag. Grässlich, diese ewigen Feiern. Und dann erst die Geschenke. Blumen oder Pralinen sind so fantasielos. Finden Sie nicht auch? Also bemühe ich mich jedes Jahr, etwas Besonderes zu finden. Stress pur ist das, kann ich Ihnen versichern."

Und was hatten diese Geschenke nun mit dem Lutherjahr zu tun? Bernd sah keinen Zusammenhang und befürchtete, eine endlose Geschichte statt einer vernünftigen Antwort zu hören.

Da die rechte Hand der Frau mit der Zigarette beschäftigt war, forderte sie Bernd auf, in ihre Einkaufstüte zu greifen. Nach kurzem Zögern zog er einen Comic heraus, las den Titel: „Martin Luther – ein Mönch verändert die Welt". Verwundert sah er die Frau an. Ein Comic über den hehren Reformator, der auf Bildern immer so würdig wirkte? Über so einen konnte man sich doch nicht mittels eines Comics lustig machen.

„Macht man ja auch nicht", erklärte die Frau. „Aber man muss mit der Zeit gehen, wissen Sie? Heutzutage wird nur noch wenig gelesen. Heutzutage will man Bilder sehen, die man schnell versteht. Ein paar Worte zu den Bildern, und schon ist man im Bilde." Sie lachte über ihr eigenes Wortspiel. „Den Comic bekommt Tante Lili. Die ist", sie neigte ihren Kopf in die Nähe von Bernds Ohr und flüsterte „die ist zu doof, um ganze Bücher zu lesen. So einen Comic wird sie hoffentlich verstehen. Und komisch, wie Sie offenbar gedacht haben, ist dieser Comic ganz und gar nicht. Einfach nur lehrreich."

Bernd legte den Comic zurück in die Tüte, griff nach dem nächsten Buch. „Luther und der Wald", so der Titel. Ratlos sah er die Frau an. Hatte Luther eine besondere Beziehung zum Wald gehabt und wenn ja, welche? Die Frau zuckte mit den Achseln. Die Frage konnte sie leider nicht beantworten. Aber sicher hatte jemand herausgefunden, dass es so eine Beziehung gegeben hatte. Onkel Hans ging gern im Wald spazieren und würde das Buch, hoffte sie, mit Interesse lesen. „Wenn Sie interessiert sind, mehr über die Beziehung Luthers zum Wald zu erfahren, sollten Sie sich das Buch kaufen."

Bernd war nicht interessiert und las den Titel des nächsten Buches: „Luther und die Massentierhaltung". Das schlug ja nun dem Fass den Boden aus! Sogar er als historisch nicht besonders interessierter Mensch wusste, dass es zu Luthers Zeiten noch keine Massentierhaltung gegeben hatte. „Das wird in dem Buch auch nicht behauptet", erklärte die Frau. „Ich habe den Klappentext genau durchgelesen. Der Verfasser schreibt, dass Luther, würde er heute leben, hundertprozentig gegen die Massentierhaltung gewesen wäre. Zu dem Ergebnis wäre er nach jahrelangen Recherchen gekommen, der Verfasser."

Bernd dachte, dass er auch ohne mühsame Recherchen das gleiche Ergebnis erzielt hätte. Ein Reformator musste einfach ein Herz für Tiere haben. Weil ein Reformator alles anprangern musste, was nicht in Ordnung war. Sonst wäre er ja kein Reformator.

„Das Buch bekommt Oma Emma", verriet die Frau. „Sie ist auf einem Bauernhof aufgewachsen und noch immer interessiert an allem, was Tiere betrifft. In die Kirche geht sie auch ab und zu. Passt also."

Dann war es ja gut. Drei Geburtstagskinder, drei Geschenke, die es ohne Lutherjahr nicht gegeben hätte.

„Gibt's da drin", erzeigte auf die Buchhandlung, „noch mehr Bücher über …"

„… Luther?", fiel ihm die Frau ins Wort. Na klar, ganze Stapel lagen da. Gleich rechts neben der Kasse. Alles, was das Herz begehrte, gab es dort in Buchform zu kaufen. Die Verfasser und Verfasserinnen hatten sich nicht lumpen lassen. Immer wieder war ihnen etwas Neues über den guten Martin eingefallen. Und die Verlage hatten gedruckt und gedruckt.

„Und die Käufer haben gekauft und gekauft", ergänzte Bernd. Die Frau hob neckisch den Zeigefinger. „Die Käuferinnen nicht vergessen. Wollen Sie nicht doch eine?" Sie hielt Bernd noch einmal die Zigarettenpackung vor die Nase. Misstrauisch las er die Aufschrift. Nein, da stand nichts von

34

Luther. Nur, dass man vom Rauchen blind, taub und sonst was werden konnte. Erleichtert nahm er sich eine Zigarette, obwohl er vor vier Wochen mit dem Rauchen aufgehört hatte. Die Frau gab ihm Feuer. Sinnend nahm er den ersten köstlichen Zug. Gab es wohl schon ein Buch über Luthers Einstellung zum Rauchen? Die Frau wiegte den Kopf hin und her. Könnte sein. Am besten, er würde die Lutherstapel in der Buchhandlung selbst durchsehen. Ein paar Titel hatte sie sich gemerkt: Luther und die Apfelernte, Luther und die Brieftauben, Luther und die Frauenquote, Luther und das moderne Management, Luther und … na, und so weiter. Wie sie schon gesagt hatte – für alle Geschmäcker war etwas dabei. Bernd winkte ab. Er hatte genug gehört. Die Frau nahm die Einkaufstüte, empfahl Bernd, den Verkäufern und Verkäuferinnen der Buchhandlung seine gewisse Frage zu stellen. „Umsatz", fuhr sie fort, „werden die Ihnen sagen. Das Lutherjahr hat uns bisher guten Umsatz gebracht. Wetten?"

Bernd wettete grundsätzlich nicht, bedankte sich bei der Frau für die Zigarette und die umfassende Antwort auf seine Frage. Die er in der Buchhandlung eigentlich niemandem mehr stellen musste. Ratlos ging er ein paar Schritte Richtung Markt.

Ein Bäcker, dessen Kasse durch das Lutherjahr klingelte. Eine Frau, die durch das Lutherjahr dem Stress der Geburtstagsgeschenke entgangen war. Eine Buchhandlung, deren Umsatz sich gesteigert hatte. Und was hatte dem Straßenmusikanten dort am Rathaus das Lutherjahr gebracht? Bevor er seine Frage stellte, legte er einen Euro in den bereitliegenden Hut, wartete, bis der Mann die Flöte vom Mund nahm.

„Nicht verstehen", antwortete der Mann. „Ich Russe."

Bernd fragte eine Frau, die mit einem Rollator kämpfte.

„Lutherjahr?" Sie runzelte die Stirn. „Ich bin katholisch, mein Herr. Und zwar seit genau zweiundachtzig Jahren. Daran ist nicht zu rütteln. Und wenn hundert Luthers daherkämen und mich …"

Bernd wollte sich keine hundert Luthers vorstellen und ging ganz schnell weiter. Die Kirchturmuhr schlug fünf. Schluss für heute mit der Arbeit. Morgen war auch noch ein Tag. Vielleicht konnte er das Thema Lutherjahr an seine Kollegin Evelin weitergeben. Die ging doch ab und zu in die Kirche, war also für so etwas wie Luther besser geeignet als er. Beflügelt von dieser Idee betrat er einen Tabakladen und kaufte sich eine Packung Zigaretten.

 36

AUF EINER PARKBANK
IN HANNOVER

Luther: „Satan hat einen Haufen Zungen und söffe wohl die ganze Elbe aus."

Lutherin: Was redest du da für einen Stuss.

Luther: Das ist kein Stuss. Das ist von mir. Verdammt, hast du nicht bemerkt, wie mein Name besudelt wird? Lutherbrötchen, Luthercremetorte!

Lutherin: Na und? Dann denken die Leute beim Essen wenigstens an dich.

Luther: Das glaubst auch nur du. Aber es geht ja noch weiter. Bücher, die mich in einen Zusammenhang mit irgendetwas bringen, was sich der Verfasser ausgedacht hat. Was habe ich mit Massentierhaltung zu tun, was mit der Frauenquote?

Lutherin: Gar nichts, ich weiß. Vor allem nicht mit Letzterer. Zu deiner Zeit hätte sich keine Frau gewagt, Pastorin werden zu wollen. Trotzdem verstehe ich nicht, warum du dich so aufregst?

Luther: Liebe Lutherin, das liegt doch wohl auf der Hand. Wenn ich gefragt werde, was mir das Lutherjahr bisher gebracht hat, so sollte ich eine würdige, ernsthafte Antwort geben. Nicht solche saudummen Scherzantworten, wie wir sie gerade gehört haben.

Lutherin: Und welche Antworten würdest du …?

Luther: Zum Beispiel: Ich weiß jetzt wieder genau, warum ich evangelisch bin. Ich bin im Glauben gestärkt worden. Ich gehe wieder jeden Sonntag in den Gottesdienst. Und so weiter. Hast du das verstanden?

Lutherin: Schon gut. Aber dich hat ja nun niemand gefragt. Du bist ja auch nicht das einfache Volk, dem jener Redakteur aufs Maul schauen wollte. Dabei hast du doch immer davon geschwärmt, dem Volk …

Luther: Halt ein, Weib! Dieses von jenem Redakteur befragte Volk habe ich nicht gemeint. Ein Volk, das nur auf Profit aus ist. Auf Umsatz. Kurz gesagt, auf die Verlockungen des Satans.

Lutherin: Nun nimm das doch nicht so tragisch. Der arme Mensch hat eben aus Versehen die falschen Leute befragt. Das kann doch passieren.

Luther: Darf aber nicht passieren! Höre, was ich vor vielen Hundert Jahren gesagt habe. Und staune, denn das gilt noch immer: „Es mangelt den Deutschen an nichts; sie haben von allem genug. Nur an Verstand, Wissenschaft und am Fleiß fehlt's ihnen, ja, auch am Gebrauch einer Sache."

Lutherin: Wie gut, dass uns niemand hören kann.

HIER STEHE ICH IN LUTHERSOCKEN

$\mathscr{B}$eatrice saß vor dem Fernseher und strick-te. Socken. Ganz hervorragende Socken. Nicht zu vergleichen mit gekauften Socken, die oft schon nach einigen Wochen Löcher bekamen und in den Müll wanderten. Wegwerfsocken sozusagen. Außerdem waren Beatrices Socken auch noch aus einem anderen Grund ganz besondere Socken: In jede Socke strickte sie eine optische Überraschung. Eine Rose, eine Nelke, einen Spatz, eine Taube, einen Fisch und was sonst noch alles. Kein Wunder, dass die ganze Verwandtschaft wild auf ihre Socken war. Stets stieg die Spannung beim Auspacken der Socken auf ein Maximum: Was hatte Beatrice sich bei diesem neuen Sockenpaar einfallen lassen?

Wie gesagt, Beatrice strickte auch heute, der Fernseher lief, die Nachrichten waren vorüber, die darauffolgende Seifenoper ebenfalls, und jetzt begann eine Sendung über Martin Luther und das zu seinen Ehren ausgerufene Lutherjahr. Beatrice hörte aufmerksam zu, während sie einen Tiger in die rechte Socke strickte, die für Waldemar bestimmt war. Waldemar, wusste sie, flog in einer Woche nach Südafrika. Ein Tiger in seinen Socken war also gerade passend für ihn.

„Martin Luther schlug seine fünfundneunzig Thesen am 31. Oktober 1517 an die Schlosskirche in Wittenberg", verriet der Moderator. Ein entsprechendes Foto von der Schlosskirche erschien auf dem Bildschirm. Kurz legte Beatrice das Strickzeug beiseite. Warum war sie eigentlich noch nie in Wittenberg gewesen? Keine Ahnung. Nun ja, man konnte ja nicht überall gewesen sein. Hübsch sah sie aus, diese Schlosskirche. Ihr Blick wanderte zwischen dem fast fertigen Tiger auf der Socke und dem Bildschirm hin und her. So eine Schlosskirche würde sich bestimmt auch gut auf Socken machen. Vroni würde sich sicher darüber freuen. Vroni war mit Leib und Seele Pastorin. Die Frage war nur: Würde sie die Schlosskirche in Wittenberg auf ihren Socken erkennen? Oder würde sie die Wittenberger Kirche auf der Socke nur als irgendeine Kirche ansehen? Das wäre schade, gerade in diesem Jubiläumsjahr.

Beatrice schüttelte den Kopf. Auf einer Socke blieb eine Kirche nur eine Kirche, weiter nichts. Das war eine Tatsache. Auch wenn sie noch so genau versuchen würde, die Schlosskirche in Wittenberg herauszuarbeiten. Sie nahm das Strickzeug wieder in die Hand, vollendete den Tiger, strickte das Bündchen. Hörte sich weiter an, was da über Martin Luther erzählt wurde. Ihre Gedanken rasten. Irgendetwas, das mit Luther zu tun hatte, würde ihr doch wohl als Überraschung für Vroni einfallen? Die Lutherrose? Abgedroschen. Einfach nur ein Kreuz? Zu simpel. Sein Bild? Zu schwer. Seinen Namen? Auf die eine Socke strickte sie Martin, auf die andere Luther. Gar nicht so schlecht.

„Hier stehe ich. Ich kann nicht anders", verkündete der Moderator auf dem Bildschirm. „Das hat Martin Luther gesagt, als …"

Beinahe hätte Beatrice das Strickzeug fallen gelassen.

„Heureka!", rief sie und warf dem Moderator eine Kusshand zu. Das war's! Hier stehe ich – auf die eine Socke. Ich kann nicht anders – auf die andere Socke. Zugegeben, Worte einstricken war durchaus schwieriger als eine Blume, ein Tier oder eine Kirche. Eine Herausforderung für Beatrice, der sie sich mit Tatkraft stellte. Und siehe da – der Erfolg lag am übernächsten Tag schon auf dem Wohnzimmertisch. Beatrice wickelte das Sockenpaar in

Geschenkpapier und eilte zu Vronis Geburtstagsfete. Die ganze Verwandtschaft schaute gespannt
zu, als Vroni die Socken auswickelte. Was hatte Beatrice sich für Vronis Ehrentag ausgedacht?
Dunkelgraue Socken kamen zum Vorschein. Vroni hielt sie in die Höhe. Und alle konnten lesen,
was da in leuchtendem Rot eingestrickt war.

„Hier stehe ich", las Vroni von der ersten Socke
ab. Und die ganze Verwandtschaft las im Chor
laut und beeindruckt die Aufschrift auf der zweiten Socke: „Ich kann nicht anders."

Andächtiges Schweigen, bis Vroni Beatrice um
den Hals fiel. Die Verwandtschaft applaudierte.
Das war eine Glanzleistung. Das war …, ja, man
fand keine Worte.

„Und das im Lutherjahr!", sprach Theodor und
faltete unbewusst die Hände. Der nächste Schluck
Sekt wurde auf Beatrices Wohl getrunken.

So ging die Geburtstagsfete weiter und alles wäre
gut gewesen. Wenn nicht Theodor die Socken
mit seinem Smartphone fotografiert und dabei
eine Idee gehabt hätte. Leider informierte er die
Verwandtschaft nicht von dieser Idee. Möglicherweise wollte er Beatrice nachahmen und für eine
allgemeine Überraschung sorgen. Oder er wollte einfach nur Profit für sich herausschlagen. Wir

wissen es nicht. Jedenfalls setzte er sich mit einem professionellen Sockenhersteller in Verbindung, zeigte dem die zwei von Beatrice gestrickten Socken als Foto auf seinem Smartphone. Der Sockenhersteller war begeistert und bot Waldemar an, ihm die Idee abzukaufen. Er nannte die Summe, die er zu zahlen bereit war. Waldemar trieb die Summe noch ein wenig in die Höhe. Der Sockenhersteller seufzte, zahlte Theodor in bar aus und machte sich an die Arbeit.

Nach zwei Wochen ging Elsbeth in ein großes Bekleidungsgeschäft, um sich eine Bluse zu kaufen. Uninteressiert ging sie an den Socken vorbei, die neben der Nachtwäsche ausgelegt waren. Socken brauchte sie nicht, dank Beatrice. Trotzdem blieb sie kurz stehen, weil ihr die leuchtend rote Farbe auf den grauen, gelben, grünen und schwarzen fabrikgefertigten Socken auffiel. Sie näherte sich den Socken, nahm ein Paar in die Hand und las: „Hier stehe ich – ich kann nicht anders." Elsbeths Herz setzte einen Schlag aus. „Passend zum Lutherjahr", stand auf dem Etikett. „Supergeil", kommentierte eine Frau mit Kurzhaarfrisur die Socken in Elsbeths Hand. „Die sind einfach supergeil, diese Socken. Finden Sie nicht auch?"

Elsbeth antworte nicht, weil sie das von der Frau gleich zweimal benutzte Wort verabscheute. Zudem hatte es ihr die Sprache verschlagen. Beatrices Idee, wer hatte die geklaut? Niemals hatten zwei Menschen die gleiche Idee zur fast gleichen Zeit. Elsbeth war eine Frau der Tat. Nachdem sich ihr Pulsschlag etwas beruhigt hatte, ging sie zum Geschäftsführer, der natürlich ahnungslos war.

„Ich kaufe nur die Ware ein", erklärte er Elsbeth. „Wer welche Idee zu welcher Ware hat, ist mir so was von egal. Hauptsache, das Zeug verkauft sich gut. Und das", er lachte zufrieden, „kann ich heute schon von diesen Socken sagen. Seit gestern sind sie im Programm und bereits vorhin mussten wir nachbestellen."

Elsbeth kaufte ein Paar der gewissen Socken, sozusagen als Beweismittel, und rief den Sockenhersteller an. „Was wollen Sie wissen?", fragte der misstrauisch. „Ob das meine Idee war mit dem Spruch auf den Socken? Gute Frau, dafür haben wir Werbefachleute, Texter und …"

Elsbeth unterbrach ihn, wollte wissen, ob er ihr denjenigen nennen könnte, der in dem Sockenfall verantwortlich gewesen war. Betriebsgeheimnis? Damit ließ sie sich nicht abspeisen. Als sie einfließen ließ, dass im Fernsehen eine Sendung über das Lutherjahr geplant war, wurde der Sockenhersteller hellhörig.

„Ja", fuhr Elsbeth fort und wurde noch nicht einmal rot bei der Lüge, „Ich bin Redakteurin beim Fernsehen und recherchiere gerade, was es alles so gibt, das es ohne Lutherjahr nicht gegeben hätte."

Der Sockenhersteller musste lachen. Also diese Socken hätte es ganz bestimmt ohne Lutherjahr nicht gegeben.

„Falls Sie Interesse haben", sagte Elsbeth listig, „könnten wir Sie und den zuständigen Werbefachmann in der Sendung vorstellen."

Der Sockenhersteller biss sofort an. Im Fernsehen auftreten, das war das Höchste. Sein Umsatz würde rasant in die Höhe steigen. Also sagte er, ohne die Freude in seiner Stimme zu verbergen, er wäre auf jeden Fall dabei. Und jener Erfinder der Luthersocken sicher auch. Kein Problem. Wie? Nein. Den Namen jenes Mannes wollte er trotzdem jetzt noch nicht preisgeben. Später, wenn es so weit war mit dem Fernsehen, dann ganz sicher. Er wollte kein Risiko eingehen.

„Na gut", sagte Elsbeth. „Meinen Sie, er macht im Fernsehen eine gute Figur? Das wäre noch wichtiger als sein Name."

„Ja." Der Sockenhersteller nickte. Groß war der

Mann, groß und rappeldürr. Seine blonden Haare fielen ihm bis auf die Schultern. Ein markantes Kinn, hellblaue Augen. Doch, der Mann war eine imposante Erscheinung. „Ich übrigens auch", fügte er hinzu. „Ich bin ebenfalls sehr fotogen. Behauptet jedenfalls meine Frau. Und die ..."

Elsbeth unterbrach ihn. Schon an seiner Stimme, beteuerte sie, wäre seine Eignung fürs Fernsehen zu erkennen. Sie beendete das Gespräch mit dem Versprechen, sich bald bei ihm zu melden.

Empört ließ sie sich auf den weinroten Sessel im Wohnzimmer fallen. Theodor! Er war der Verräter gewesen. Die imposante Erscheinung konnte nur Theodor gewesen sein. Theodor war groß, rappeldürr, hatte kinnlange blonde Haare, dazu auffällig hellblaue Augen. Um sich abzureagieren trank sie einen Wodka. Was sollte sie mit ihrem Wissen anfangen? Theodor bei Beatrice und der gesamten Verwandtschaft anschwärzen? Wozu war das nützlich? Zu gar nichts. Garantiert würde ein Streit entbrennen. Und nur wegen dem Lutherjahr. Das war es nicht wert. Elsbeth war harmoniesüchtig, das hatte vor vielen Jahren einmal ein Psychotherapeut festgestellt. Und trotz seiner Behandlung hatte sich das nicht geändert. Pech für sie, Glück für Theodor.

Trotzdem, beschloss sie, sollte Theodor nicht einfach so davonkommen. Sie besuchte ihn, fiel, noch ehe sie sich setzte, mit der Tür ins Haus.

„Du hast Beatrices Idee verkauft!", zischte sie.

Theodor merkte sofort, dass Leugnen nichts half. Er bot Elsbeth ein Viertel von dem Geld an, das ihm der Sockenhersteller gezahlt hatte. Natürlich nur, wenn sie bis an ihr Lebensende den Mund hielt.

„Wenn schon", erwiderte Elsbeth, „dann die Hälfte."

Na gut. Seufzend öffnete Theodor seinen Safe. Elsbeth aber ging nach der Geldübergabe rasch nach Hause. Endlich konnte sie sich den schon lange gehegten Wunsch erfüllen, nach Marokko zu reisen.

Im Flugzeug sitzend segnete sie still Beatrices Strickkünste. Mit schlechtem Gewissen segnete sie auch Theodor und den Sockenhersteller. Und natürlich das Lutherjahr.

AUF EINER PARKBANK IN MÜNCHEN

Luther: „Satan tut nichts anderes, als aus einer Sünde hundert zu machen und aus einem guten Werk zehn Sünden. Es ist kein Scherz um ein schwaches, angefochtenes Gewissen." Das habe ich einmal gesagt. Und das gilt immer noch.

Lutherin: Wie kommst du jetzt darauf?

Luther: Das ist doch wohl nicht schwer zu erkennen.

Lutherin: Ach so, du meinst die Socken. Also ich finde die Idee genial.

Luther: Ein Paar Socken für die Pastorin wäre gut gewesen. Abgesehen davon, dass ich mich nicht an weibliche Pfarrer gewöhnen kann. Aber sei's drum. Jener Vroni hätte es gut angestanden, meinen berühmten Ausspruch auf ihren Socken zu tragen. Weil sie durch meine Worte gestärkt durch den Tag gehen konnte. Sie wäre sofort an mich erinnert worden, wenn sie einmal schwach zu werden drohte. Wie es Frauen ja ab und zu passiert.

Lutherin: Dein Frauenbild passt nun wirklich nicht mehr in die Zeit.

Luther: Woher willst du wissen, was in die Zeit passt? Zu gegebener Stunde werde ich dich darüber aufklären. Jetzt ist es wichtiger, an die besagten Socken zu denken. Tausende, vermutlich Millionen solcher Socken sind nun im Umlauf. Das heißt, aus einem guten Werk sind zehn Sünden entstanden, bildlich gesprochen. Damit trägt jeder Depp meinen so berühmten Ausspruch mit sich herum. Am Bein. Unwürdig, kann ich da nur sagen.

Lutherin: Verstehe ich nicht. Vielleicht werden diese Luthersockenträger und Luthersockenträgerinnen ebenso gestärkt wie diese Pastorin Vroni.

Luther: Werden sie nicht. Weil sie Schindluder mit meinem Ausspruch und den Socken treiben werden. Aufs linke Bein springen und schreien: Hier stehe ich. Aufs rechte Bein springen und schreien: Ich kann nicht anders. Die Menge lacht sich scheckig. Und damit sind meine Worte total in der Hand des Pöbels. Wo sie nicht hingehören.

Lutherin: Was du dir immer ausdenkst. Dein Bild

von den Menschen scheint nicht gerade rosig zu sein.

Luther: Da hast du recht. Früher, vor fünfhundert Jahren, da war das noch anders. Da hätte man meinen berühmten Ausspruch disputiert und nicht in Socken geschrieben.

Lutherin: „Es ist kein Mensch so arg, er hat etwas Gutes in sich." Das hast du selbst mal irgendwann behauptet.

Luther: Was gehen mich meine Behauptungen von gestern an?

Lutherin: Wie gut, dass uns niemand hören kann!

MULTILUTHERON FORTE

*K*opfschmerztabletten sind in allen Hausapotheken zu finden. Dachte Lucie und steuerte Ernas Badezimmer an. Erna war Lucies Schwester und trotz ihrer achtzig Jahre noch nie ernsthaft krank gewesen. Lucie, obwohl zwei Jahre älter, ebenfalls nicht. Das musste an den Genen liegen. Ein Gutes, das die Eltern ihnen mitgegeben hatten. Von denen sie auch die Weitsichtigkeit geerbt hatten, Vorsorge für Notfälle zu treffen. Deshalb war Lucie sicher, eine gut bestückte Hausapotheke in Ernas Badezimmerschrank zu finden. Wenn Erna nicht gerade beim Friseur gewesen wäre, hätte Lucie selbstverständlich keine Tür irgendeines Schranks geöffnet, ohne vorher zu fragen. Auch das machte man nicht, wie sie beide schon in der Kindheit gelernt hatten. Selbst nicht bei der Schwester.

Lucies Kopfschmerzen aber waren Grund genug, diese früh gelernte Regel zu brechen. Erna, da war Lucie sicher, würde Verständnis dafür haben. Im Badezimmerschrank hatte die Schwester auch ganz sicher keine Geheimnisse versteckt, die Lucie nichts angingen.

So war es denn auch. Lucie fand nur das Übliche: einen Ersatzkamm, Shampoo, ein paar Haarklemmen, Waschlappen, und direkt neben der Duschhaube die Hausapotheke. Da es im Badezimmer etwas eng war, trug Lucie ihren Fund ins Wohnzimmer, setzte sich an den Esstisch und öffnete die hübsch bemalte Dose. Als sie die Fülle der Medikamente entdeckte, nickte sie anerkennend. Schmerztabletten, Rheumamittel, Blutverdünner, Kortisonpräparate, Betablocker, Blutdrucksenker. Lucie nickte zum zweiten Mal. So ähnlich sah es in ihrer Hausapotheke zu Hause auch aus. Lucies Finger stießen jetzt an die verschiedenen Pflaster, Mullbinden, blutstillende Watte. Sehr gut! Wo aber waren die Kopfschmerztabletten? Lucies Blick verdüsterte sich. Keine einzige Kopfschmerztablette. Statt dessen ein Medikament, von dem Lucie noch nie etwas gehört hatte. „Multilutheron forte", las sie auf der verschlossenen Packung. Was und wogegen war das denn? Vielleicht waren das die gesuchten Kopfschmerztabletten? Eine Sorte, die Lucie noch nicht kannte? Heutzutage wurden immer wieder neue Medikamente auf den Markt gebracht.

Lucie riss die Packung auf. Erna würde es ihr verzeihen. Kopfschmerzen entschuldigten fast alles. Mit gerunzelter Stirn betrachtete Lucie das, was da in der Packung zum Vorschein kam. Keine Tabletten. Nur kleine Röllchen aus Papier, die aber doch irgendwie vertrauenerweckend wirkten. Vielleicht ein Pulver, das man in ein Glas Wasser schütten und dann trinken musste. Getrunken wirkte manche Medizin schneller als in Tablettenform.

Also öffnete Lucie eines der Papierröllchen. Kein Pulver. Ein Zettel. Lucie entrollte den Zettel und las erstaunt, was da geschrieben stand: „Die Arznei macht kranke, die Mathematik traurige und die Theologie sündhafte Leute."

Lucie schlug sich an die Stirn. Was sollte das wohl bedeuten? Und vor allem – wogegen sollten diese Worte helfen? Gegen Kopfschmerzen bestimmt nicht. Oder vielleicht doch? Sie las die Worte auf dem Zettel noch einmal: „Die Arznei macht kranke …" Mm, das hatte sie aber in ihrem langen Leben ganz anders gelernt. Arznei war dazu da, aus kranken gesunde Leute zu machen. Merkwürdig. Entschlossen öffnete Lucie das nächste Papierröllchen, las laut in das stille Esszimmer hinein: „Wenn wir alt werden, beginnen wir zu dispu-

 54

tieren, wollen klug sein und doch sind wir die größten Narren."

Lucie ärgerte sich und schlug mit der Faust auf den Tisch. So ein Schwachsinn! Sie war zwar alt, zählte sich jedoch keineswegs zu den Narren. Sie riss das dritte Röllchen auf.

„Nichts wird langsamer vergessen als eine Beleidigung und nichts eher als eine Wohltat."

Diese Botschaft barg Wahrheit in sich. Lucie nickte und dachte an ihre Nachbarin zu Hause, deren Blumen sie zwei ganze Wochen gegossen hatte. Trotzdem hatte die Nachbarin ihr neulich einen bösen Blick zugeworfen. Und nur, weil Lucie den Hund der Nachbarin eine hässliche alte Töle genannt hatte. Was der Wahrheit entsprach und keineswegs als Beleidigung gedacht war.

Das nächste Röllchen: „Wenn der Bürgermeister seine Pflicht tut, werden kaum vier da sein, die ihn mögen."

„Stimmt genau", dachte Lucie. Ihr Ehemann war lange Bürgermeister gewesen und hatte Lucie stets an seinem Zorn über die renitenten Bürger teilhaben lassen.

Weiter. „Eine Lüge ist wie ein Schneeball. Je länger man ihn wälzt, desto größer wird er."

Auch das war richtig. Lucie fiel der Seitensprung

ein, den ihr Bürgermeisterehemann einst begangen hatte. Das war jetzt so circa einundfünfzig Jahre her. Auf Lucies Frage, wo er am Abend gewesen wäre, hatte er eine Sitzung als Grund seiner Abwesenheit angegeben. Ganz schnell hatte Lucie herausgefunden, dass diese Sitzung ausgefallen war. Wirtshaus, hatte der Ehemann weitergelogen. Er wäre im Wirtshaus gewesen und hätte sich volllaufen lassen. Was ihm schrecklich peinlich wäre. Lucie war in das besagte Wirtshaus geeilt. Der Wirt hatte keinen vollgelaufenen Bürgermeister bestätigen können. Nun ja, nach weiteren Lügen war dann endlich die Wahrheit ans Licht gekommen: Sie hieß Rosalie und damit war der Schneeball zu gigantischer Größe angewachsen. Lucie seufzte. Lang, lang war's her. Und irgendwann hatte sie ihrem Ehemann ja auch verziehen. Auf zum nächsten Röllchen.

„Es soll keiner einen für seinen vertrauten Freund halten, er habe denn vorher einen Scheffel Salz mit ihm gegessen."

Lucie stützte sinnend den Kopf in die Arme. Komischer Spruch. Überhaupt waren das komische Sprüche. Auch wenn sie manche Wahrheiten enthielten. Doch gegen welche Krankheit waren sie gedacht? Oder hatte Erna diese Packung Multilutheron forte falsch eingeordnet, gehörte die gar nicht in die Hausapotheke? Wohin aber gehörte sie dann?

Ein Röllchen wollte Lucie noch aufreißen, einen Spruch noch lesen, dann sollte es für heute genug sein. Sie schaute auf die Uhr. In einer viertel Stunde würde Erna wiederkommen. Sollte sie Erna nach dem Multilutheron forte fragen oder die Packung samt Sprüchen einfach verschwinden lassen? Täglich würde Erna sicher nicht ihre Hausapotheke inspizieren, würde also erst nach einiger Zeit den Verlust des seltsamen Medikaments bemerken. Wenn überhaupt. Während Lucies Gehirn noch überlegte, zogen ihre Finger an dem zusammengerollten Papier.

„Hier stehe ich. Ich kann nicht anders."

Das war doch von Martin Luther. Diesen Ausspruch kannte jeder, ob er nun Protestant, Katholik oder Atheist war. Daran kam in diesem Jahr niemand vorbei. In allen Medien wurde er unermüdlich erwähnt, gedeutet, breitgelatscht. Jawohl, breitgelatscht. Genüsslich sprach Lucie das etwas negativ anmutende Partizip des Verbs breitlatschen laut aus. „Breitgelatscht." Dann klatschte sie in die Hände und rief übermütig: „Breitgelatscht! Breitgelatscht!"

„Bist du betrunken oder was?", ertönte da von der Tür her Ernas Stimme. „Was ist bitteschön breitgelatscht und was liegt da auf dem Tisch?"

Drei Fragen auf einmal, die Lucie wahrheitsgemäß und der Reihe nach beantwortete. Nein, sie war nicht betrunken. Breitgelatscht, vor allem von den Medien, wurde Luthers Ausspruch, dass er nicht anders könne als hier stehen. Und auf dem Tisch lag ein Medikament namens Multilutheron forte, das offenbar aus anderen, ihr nicht bekannten Sprüchen Martin Luthers bestand. Das jedenfalls hatte sie mittlerweile begriffen. Multilutheron, der Name hätte ihr doch gleich auffallen müssen. Wahrscheinlich hatte sie wegen ihrer starken Kopfschmerzen so eine lange Leitung gehabt und …

Sie vollendete den Satz nicht und rieb sich vorsichtig die Stirn. Nanu, die Kopfschmerzen waren wie weggeblasen. Obwohl sie keine Kopfschmerztablette in Ernas Hausapotheke gefunden hatte. Nur das Multilutheron forte.

„Dann ist es ja gut", meinte Erna, setzte sich zu der Schwester, griff nach den mit Sprüchen bedruckten Zetteln und las einen Spruch nach dem anderen laut vor.

Endlich blickte sie auf. Das sollte alles von Luther

58

sein? Gar nicht so dumm, der Mann. Und Lucies Kopfschmerzen waren tatsächlich verschwunden? Dann hatte die Arznei ja ihren Zweck erfüllt. Auch wenn sie nicht gegen Kopfschmerzen gedacht war. Wogegen dann? Keine Ahnung. Gegen alles und nichts vielleicht. Sie lachte.

„Und wie kommt das Zeug in deine Hausapotheke?", wollte Lucie neugierig wissen. Immerhin waren sie beide katholisch. Und wie anderen Katholiken auch ging ihnen der Lutherkult in diesem Jahr manchmal etwas zu weit. Auch wenn das kein Katholik so richtig zugeben mochte. Im Zeitalter der Ökumene ertrug man den anderen so gut es ging. Punktum!

„Ja, wie kommt das in meine …", sinnierte Erna. Vor drei Wochen hatte sie Geburtstag gefeiert, zu dem sie alle Nachbarn eingeladen hatte. Selbstverständlich waren ihr auch die evangelischen Nachbarn willkommen. So wie Elsa Schubert, die verwitwete Pfarrfrau.

„Die war es!", fiel ihr ein. „Die hat mir alle möglichen heilenden Tees geschenkt. Salbei, Kamille, Brennnessel, Traubenblätter. Dazu das Multilutheron. Ja, ich erinnere mich genau, wie sie sagte: ‚Erna, das ist etwas ganz Besonderes. Das musst du mit Verstand einnehmen.' Später, habe ich gedacht, und die Arznei in meiner Hausapotheke verstaut, die Tees im dafür vorgesehenen Küchenschrankfach."

Lucie überlegte eine Weile, ehe sie fragte: „Wollte diese verwitwete Pfarrfrau dich etwa zum Konfessionswechsel verführen, Erna? Luthersprüche, als Arznei getarnt, das muss dir doch zu denken geben."

Nein, oh nein, ganz bestimmt nicht. So eine Verdächtigung wies Erna weit von sich. Sie war sich noch nicht einmal ganz sicher, ob Elsa überhaupt von Ernas Zugehörigkeit zur katholischen Kirche wusste. „Und wenn", fügte sie hinzu, „so ist Elsa das total egal. Elsa ist tolerant, glaub mir. Auch wenn ihr Mann Pfarrer gewesen ist."

Ob das so stimmte? Lucie war sich da nicht ganz sicher. Das Multilutheron war ein Indiz, das vielleicht erst der Anfang gewesen war. Der Anfang vom Ende der Pfarrwitwen-Toleranz. Zuerst ein paar harmlose Sprüche des Reformators. Danach vielleicht eine Einladung an Erna, mit der Pfarrwitwe nach Thüringen zu reisen.

„Was sollten wir denn in Thüringen?", Erna fasste sich an die Stirn.

Lucie seufzte. War Erna wirklich so ungebildet? Luther hatte vor allem in Thüringen gewirkt. Thüringen war sozusagen Lutherland.

Erna überlegte eine Weile. Interessant wär so eine Reise schon. Sie reiste an sich gerne und in Thüringen war sie noch nie gewesen.

„Siehst du", rief Lucie, „da geht's schon los!"

Erna tippte zum zweiten Mal eindeutig mit dem Zeigefinger an ihre Stirn. Elsa hatte sie doch gar nicht zu dieser Reise eingeladen. Aber wenn sie so darüber nachdachte, sollte sie Elsa den Vorschlag zu einer Rundreise durch Thüringen machen.

„Ich als die Ältere", sprach Lucie mit Autorität in der Stimme, „verbiete dir so eine Reise."

Erna zuckte nur mit den Achseln und griff nach der Zeitung von gestern. Da war es, das Angebot. Eine Leserreise nach Thüringen. Sehr günstig. Sie musste sofort Elsa anrufen und fragen, ob sie diese Reise gemeinsam buchen sollten.

Lucie stöhnte. Da waren sie wieder, die verdammten Kopfschmerzen. Erna griff in ihre Handtasche, zog eine Packung Kopfschmerztabletten heraus und legte sie vor Lucie auf den Tisch. Die halfen bestimmt besser als das Multilutheron forte. Dann eilte sie zum Telefon.

Lucie nahm eine der Tabletten, riss danach das letzte Papierröllchen des Multilutherons auf und las:

„Die rechte, wahre Kirche ist gar ein kleines Häuflein, hat kein oder gar kein Ansehn, liegt unter dem Kreuze. Aber die falsche Kirche ist prächtig, blühet und hat ein schön groß Ansehen wie Sodom."

„Welche Kirche ist nun welche?", dachte Lucie. Ein großes Ansehen hatten heutzutage beide Kirchen, die katholische und die evangelische. Jedenfalls wechselten die Fernsehgottesdienste und die Rundfunkandachten gerecht hin und her: einmal katholisch, einmal evangelisch. Nur kleine Häuflein saßen ebenfalls beim Sonntagsgottesdienst in beiden Kirchen. Welche Kirche also …

Ihre Kopfschmerzen wurden unerträglich, trotz der Tablette. Hätte sie doch nie in Ernas Hausapotheke gestöbert. Dann wäre Erna nie auf die Idee gekommen, mit Elsa nach Thüringen zu reisen. Oder hätte Erna die echten Kopfschmerztabletten ordnungsgemäß in der Hausapotheke und nicht in ihrer Handtasche … Wütend wischte Lucie die Reste des Multilutherons mit der rechten Hand vom Tisch.

„Hätte ich nie Kopfschmerzen gehabt", sagte sie zu Erna, die freudig nickend vom Telefon kam, „dann …"

„… hätte ich mich jetzt nicht zusammen mit

Elsa zu der Thüringenreise angemeldet", ergänzte Erna. „Gesegnet seien deine Kopfschmerzen, liebe Schwester."

„Du mich auch", konterte Lucie unfein und beschloss, ebenfalls an der Reise teilzunehmen. Um das Schlimmste zu verhindern.

In einem Souvenirladen in Wittenberg entdeckte sie das Multilutheron forte. Der Verkäufer bemerkte ihr Interesse, kam näher und raunte ihr ins Ohr, dass er hier stehen würde und nicht anders könnte.

„Ich dagegen kann anders", erwiderte Lucie und ließ den Verkäufer einfach stehen.

AUF EINER PARKBANK IN HAMBURG

Luther: Sehr ungebildet, die Dame. Meine Sprüche einfach so vom Tisch zu fegen.

Lutherin: Nun ja, sie hatte eben Kopfschmerzen. Du warst auch immer unleidlich, wenn du Schmerzen hattest.

Luther: Wenn über eine Sache Gras gewachsen ist, kommt stets ein Esel und frisst es ab. Das ist nicht von mir, aber trotzdem wahr.

Lutherin: Danke. Aber gut, lassen wir das. Davon abgesehen, wirst du dich doch sicher freuen, dass man ein Medikament nach dir benannt hat. Auch wenn es kein richtiges Medikament ist.

Luther: Doch, doch, ein richtiges Medikament ist das Multilutheron schon. Du hast ja gesehen, wie die Kopfschmerzen bei jener Lucie verschwunden sind, nachdem sie meine Sprüche gelesen hatte.

Lutherin: Stimmt. Wahrscheinlich, weil sie so erstaunt war, statt eines Pulvers …

Luther: Unsinn! Weil meine Sprüche noch immer Gültigkeit haben. Das hat sie meinen Sprüchen ja auch zugestanden.

Lutherin: Ich bin so froh, dass du endlich mit einem Puzzleteil des Lutherjahrs zufrieden bist, mit dem Multilutheron.

Luther: Nun ja, zufrieden ist nun doch übertrieben. Dass das Multilutheron in einem Souvenirladen verkauft wird, wo normalerweise nur Ramsch angeboten wird, ist natürlich ein wenig deprimierend.

Lutherin: Sollte es besser in Apotheken verkauft werden?

Luther: Wieder Unsinn! Meine Sprüche gehören in die Kirche. Dort könnte man das Multilutheron verkaufen und den Erlös einem guten Zweck zuführen.

Lutherin: Gute Idee! Ich schlage vor, man gibt den Armen diesen Erlös. Arme gab es zu unserer Zeit und Arme gibt es heute auch noch.

Luther: „Ich glaube, dass die Ehe, auch bei größter Armut, ein Paradies ist." Habe ich einmal gesagt.

Lutherin: Und was willst du jetzt damit sagen? Dass verheiratete Arme nichts von dem Erlös bekommen, weil sie ja im Paradies leben? Vergiss nicht, was du auch einmal gesagt hast:

„Ein Weib ist bald genommen, aber es stets lieb zu haben, das ist schwer."

Luther: Ach Lutherin, kauf dir eine Packung Multilutheron forte, das fördert den Verstand.

Lutherin: Wie gut, dass uns niemand hören kann!

PILGERS LEID UND PILGERS FREUD

*J*akobsweg! Allein das Wort lässt die Augen strahlen, die Seele aufleuchten, die Sehnsucht ins Unermessliche wachsen. Den Rucksack nur mit dem Allernotwendigsten packen. Zu Fuß einem lohnenden Ziel näher kommen. Spartanische Nachtquartiere aufsuchen. Früh um fünf aufstehen. So weit gehen, bis die Füße schmerzen. Kurz gesagt, für viele Wochen das einfache Leben erproben. Um danach gestärkt in den Alltag zurückkehren. Einmal im Leben „Ich bin dann mal weg" sagen wie Hape Kerkeling. Und dann wirklich mal weg sein.

Leider ist die Anfahrt für diese Pilgerreise weit und teuer. Und wer bekommt schon sechs Wochen Urlaub? Dabei sind sechs Wochen für den Fußmarsch über die Pyrenäen bis zum Ziel Santiago de Compostela noch knapp berechnet.

„Also müssen wir auf den Jakobsweg verzichten", stellte Johannes realistisch fest. Seit drei Stunden saßen er und seine Ehefrau Magdalena beisammen, beugten sich über Landkarten, rechneten

Kosten aus, googelten die billigsten Flüge. Bei aller Liebe zum Jakobsweg, für zwei Personen hatten sie nicht das nötige Geld. Und sechs Wochen bezahlter Urlaub war ohnehin eine Utopie.

„Prominent müsste man sein", sagte Magdalena missmutig. „Prominent und reich wie jener Kerkeling." Den sie in diesem Augenblick um seine Pilgerreise auf dem Jakobsweg nur noch beneidete. Und dann hatte der auch noch die Frechheit besessen, Kapital daraus zu schlagen. Sein Buch wurde sozusagen ein Reißer. Wenn sie, Johannes und Magdalena, ein Buch über ihre Erlebnisse auf dem Jakobsweg schreiben würden, wäre das für niemanden interessant.

„So ist das eben", sagte Johannes und schlug den Atlas endgültig zu. Schlecht gelaunt stellte er den Fernseher an. Magdalena machte sich in der Küche zu schaffen. Zeit zum Abendessen. Obwohl ihr der geplatzte Jakobsweg den Appetit genommen hatte, essen mussten sie trotzdem.

Da plötzlich ertönte aus dem Wohnzimmer ein Schrei. Johannes? War ihm etwas passiert? Sie rannte los. Fand einen Ehemann vor, der bei ihrem Anblick aufsprang, sie bei den Armen packte und herumwirbelte. Immer wieder, bis ihnen beiden schwindelig wurde. Keuchend standen sie sich endlich gegenüber. Was war geschehen? Waren gerade die Lottozahlen verlesen worden und sie hatten gewonnen?

„Nein", sagte Johannes. „Leider nicht. Aber …"

Was aber? Magdalena wartete, bis Johannes' Atmung sich beruhigt hatte. Dann erst konnte er zusammenhängend sprechen.

Also …", begann er. Und dann erklärte er Magdalena, dass man in Luthers Fußstapfen, so der Fernsehmoderator, also dass man in Luthers Fußstapfen auf über neunhundert Kilometern durch Thüringen wandern oder pilgern konnte. „Eingebettet in abwechslungsreiche Landschaften", zitierte Johannes den Moderator fast wörtlich, „führt der Lutherweg zu bedeutenden Stätten und Sehenswürdigkeiten der Reformation. Da bist du platt, Magdalena, was?"

Platt? Wieso das denn? Magdalena runzelte die Stirn. Thüringen gegen Spanien. Lutherweg gegen Jakobsweg. Nach den Begeisterungsausbruch eben zu schließen wollte Johannes nun offenbar auf dem Lutherweg pilgern.

„Na klar." Johannes nickte. Die Anfahrt nach Thüringen musste nicht mit zwei teuren Flugtickets bezahlt werden. Am besten, sie fuhren mit dem Auto, ließen das irgendwo stehen und pilgerten los. Selbstverständlich nur mit einem Rucksack, der nicht mehr als sieben Kilogramm wiegen durfte. Genau wie auf dem Jakobsweg. Oder sie nahmen den Zug. Damit waren sie unabhängig und konnten von jeder Station aus bequem nach Hause fahren.

„Meinetwegen", sagte Magdalena resigniert. Sie kannte ihren Ehemann. Wenn der sich einmal etwas in den Kopf gesetzt hatte, war nichts mehr zu machen. Lutherweg! Sie pustete Luft durch die Nase. Bisher hatte sie wenig Interesse bei Johannes für Luther entdeckt. Auch sie selbst wusste gerade so das Nötigste über den Reformator. Was man eben in der Schule so lernte, später eher zufällig durch die Medien aufschnappte. Aus welchem Grund wollten sie diesem Mann ihren diesjährigen Urlaub opfern und auf seinen Spuren pilgern?

„Weißt du denn mehr über den gewissen Jakob, dem der Jakobsweg gewidmet ist?", fragte Johannes gereizt, weil Magdalena seine Begeisterung nicht so richtig teilen mochte. Doch Magdalena winkte ab. Ihr Wissen spielte jetzt, wo der Jakobsweg gestorben war, keine Rolle. Hauptsache, das Wetter war schön, wenn sie auf diesem Lutherweg lospilgerten.

 70

„Wenigstens kein Regen!", betete sie stumm, als sie die Rucksäcke packten. Dann stiegen sie in den Zug, der sie zunächst nach Erfurt bringen sollte. In Erfurt, so Johannes' neues Wissen, per Internet angeeignet, in Erfurt hatte Luther studiert und war im Dom zum Priester geweiht worden.

„Und wenn schon", dachte Magdalena. Noch immer war ihre Enttäuschung über den geplatzten Jakobsweg nicht verschwunden. Das kleine Mädchen auf dem Sitz neben ihr lenkte sie etwas von ihren trüben Gedanken ab.

„Ich bin die Alma", teilte das Mädchen ihr zutraulich mit. „Und ich habe jetzt Ferien. Nach den Ferien komme ich ins dritte Schuljahr. Meine Lieblingsfächer sind Musik und Religion."

„Schön, Alma", erwiderte Magdalena. „Habt ihr denn in Religion schon mal über Martin Luther gesprochen?"

„Über den weiß ich alles." Alma nickte stolz. „Er hat die Evangelischen erfunden. Dann war er vogelfrei. Und dann hat der die Bibel übersetzt."

Magdalena bedankte sich für Almas erschöpfende Antwort und gab ihr zum Abschied die Hand. Erfurt wurde angesagt. Was wollte Alma wissen? Ihren Namen? „Magdalena", sagte sie. „Und das",

sie zeigte auf ihren Ehemann", „das ist Johannes."
Almas Mutter sah von ihrem Buch auf. Magdalena und Johannes, das war ja ein Zufall. So hießen
zwei der Lutherkinder.

„Das auch noch!", dachte Magdalena und schenk-
te der Mutter ein müdes Lächeln.

Johannes' Augen leuchteten auf. Das war ja groß-
artig. Ein gutes Omen für ihre geplante Pilger-
wanderung auf Luthers Spuren. Der Zug hielt.
Sie stiegen aus. Auf dem Bahnhofsvorplatz blieb
Johannes stehen. Teilte Magdalena mit, dass er
eine Überraschung für sie hätte. Sie sollte die Augen schließen und die Hände aufhalten. Magdalena fühlte, wie Johannes ihr etwas in die Hände
legte, das sich wie eine Muschel anfühlte. Es war
eine Muschel. Handtellergroß. Mittels eines Ban-
des konnte man sie am Rucksack befestigen. Das
Zeichen für den Jakobsweg.

„Aber wir sind doch auf dem Lutherweg", sagte Magdalena irritiert. Johannes lachte. Das war
doch jetzt ganz gleichgültig. Hauptsache, sie wurden unterwegs als Pilger erkannt. Und die Muschel verlieh dem Ganzen einfach ein wenig Ja-
kobswegflair.

„Dort scheint jetzt bestimmt die Sonne." Magdalena blickte sehnsüchtig in den grauen Himmel,

aus dem die ersten Tropfen fielen. Trotzdem ging sie tapfer hinter Johannes her, der durch sein intensives Studium des Lutherweges die Lage der Erfurter Lutherstationen genau im Kopf hatte. Hochinteressant, das alles leibhaftig zu sehen, was bisher nur Theorie gewesen war. So empfand jedenfalls Johannes den Gang durch Erfurt. Magdalena trottete hinterher, fröstelte und empfand vor allem ihr Aussehen als unmöglich. Eine hässliche Regenjacke, die Kapuze fest über den Kopf gezogen. Trotzdem wurden die Haare nass, das spürte sie genau. Die ganze Frisur war zum Teufel. Apropos Teufel. Hatte Luther nicht irgendwann einmal ein Tintenfass gegen den Teufel geschleudert? Hätte sie jetzt so ein Tintenfass, würde sie es Johannes an den Kopf werfen.

Johannes ahnte nichts von Magdalenas Wunsch und steuerte den Dom an. Galant hielt er seiner Frau die mächtige Tür auf, fragte, ob sie zuerst eine innere Andacht abhalten oder gleich mit der Besichtigung beginnen wollte.

„Andacht", ächzte Magdalena, riss sich den Rucksack vom Rücken und ließ sich auf eine Kirchenbank fallen. Sieben Kilogramm, hatte sie beim Rucksackpacken gedacht, sieben Kilogramm waren doch Peanuts. Heimlich hatte sie nach dem Wiegen des Rucksacks noch einen Föhn dazugepackt, verschiedene Cremes und ein dickes Buch. Das sie bestimmt nicht lesen würde, wenn sie abends todmüde ins Bett fiel. Bett! Warum konnte die harte Kirchenbank kein weiches Bett sein, in dem sie auf der Stelle die Augen schließen und für eine Weile alles vergessen konnte. Ihre schmerzenden Füße und Schultern, die ruinierte Frisur, die Sehnsucht nach Sonne auf dem Jakobsweg.

Jemand tippte auf ihren Arm. „Schläfst du, Tante?", fragte eine helle Kinderstimme. Magdalena fuhr auf. Nein, sie schlief nicht. Sie sah sich um. Wo war sie? In einer Kirche? Was machte sie, um Himmels willen, in einer Kirche?

„Ich bete", fuhr sie das Kind an.

„Lass die Dame gefälligst in Ruhe", tadelte die Mutter das Kind. In einem Dialekt, den Magdalena nicht gewohnt war. Thüringisch? Sächsisch? Für sie klang das alles gleich. Magdalena verzog schadenfroh die Lippen. Daran hatte Johannes wohl nicht gedacht, als er sich so begeistert auf den Lutherweg gestürzt hatte. „Wenn ich einen Dialekt nicht ausstehen kann", hatte er mal gesagt, „dann Sächsisch." Zwei Wochen lang musste er nun diesen Dialekt ertragen. Wo war er über-

74

haupt, ihr Ehemann? Da hinten rechts stand er. Vor irgendeinem Bild. Er winkte ihr zu. Sie sollte kommen und sich von ihm das Bild erklären lassen. Magdalena winkte ab. Das Bild interessierte sie nicht. Und die Figur daneben auch nicht. Und der Altar schon gar nicht. Nichts interessierte sie. Nur die Frage, ob man bis zur Jugendherberge noch weit laufen musste. Wenn ja, würde sie sich auf der Stelle ein Taxi bestellen.

„Einmalig, dieser Dom", schwärmte Johannes, als er sich neben sie auf die Bank setzte. Was, sie dachte an ein Taxi? Kam nicht infrage. Auf einer Pilgerreise war Taxi ein Fremdwort.

„Dieser Kerkeling ist auch einige Male mit dem Taxi gefahren", wusste Magdalena. Sein Buch vom Jakobsweg hatte sie genau studiert.

„Aber doch nicht gleich am ersten Tag." Johannes ärgerte sich, wollte aber keinen Streit mit Magdalena. Vor allem nicht ausgerechnet in einem Dom. Also half er ihr, den Rucksack wieder aufzusetzen und stellte ihr ein besonders leckeres Abendessen in einem besonders schönen Restaurant in Aussicht. Das passte zwar auch nicht so richtig zu einer Pilgerreise. War aber besser als eine missgelaunte Ehefrau.

Selbstverständlich mussten sie vor dem Essen die

Rucksäcke loswerden. Also auf zur Jugendherberge. Dort wurden sie als Erstes nach ihren Jugendherbergsmitgliedsausweisen gefragt. Stolz zog Johannes die Pilgerpässe aus der Jackentasche. Eine bange Minute wartete er, ob der zuständige Mann Bescheid wusste. Der Pilgerpass erlaubte, in allen Jugendherbergen, die es auf dem Lutherweg gab, zu übernachten. Endlich nickte der Mann und erklärte, wo sie ihre Betten finden würden. Dann zeigte er grinsend auf die zwei Muscheln, die gut sichtbar an beiden Rucksäcken hingen. „Muscheln? Ich lach mich scheggich. Also für unsern Ludder brauchn Se geene Muscheln."

„Was hat er gesagt?", fragte Johannes irritiert, als er mit Magdalena zusammen die Treppe hinaufging.

„Ich lache mich scheckig", übersetzte Magdalena, die sprachbegabter war als ihr Ehemann. „Für unseren Luther brauchen Sie keine Muscheln."

„Unverschämtheit!", rief Johannes. Er konnte es nicht ausstehen, wenn sich jemand über ihn lustig machte. Dazu noch der grässliche Dialekt.

Tja, Magdalena zuckte mit den Achseln, was hatte er denn erwartet? So sprach man eben hier und vermutlich auch auf den gesamten neunhundert Kilometern des Luther-Pilgerwegs. Vielleicht hatte sogar Luther so gesprochen?

„Das kann ja heiter werden", erwiderte Johannes kein bisschen heiter.

Das Abendessen in einem schicken Restaurant konnte ihm die gute Stimmung von vorhin nicht wiederbringen. Die Knödel schmeckten anders als zu Hause. Das Gulasch war zu salzig. Der Wein war viel zu süß. Warum hatte er sich nicht eine hier heimische Rostbratwurst mit Bier bestellt? Eine müßige Frage. Hatte er eben nicht. Während Magdalena mit ihrer Pizza recht zufrieden war. Das Eis zum Nachtisch war hervorragend.

„Pizzen und Eis schmecken überall gleich", murrte Johannes und bezahlte die Rechnung. Da der Kellner auch den heimischen Dialekt sprach, gab Johannes ihm nur ein minimales Trinkgeld.

Am nächsten Morgen schien die Sonne. Magdalena hatte den Föhn und das Buch in der Jugendherberge „vergessen", sodass ihr Rucksack etwas leichter geworden war. Ihre Frisur, hatte sie beschlossen, spielte in den nächsten zwei Wochen keine Rolle. Und deshalb schritt sie frohgemut, wie es für Pilger eigentlich selbstverständlich sein sollte, aus. Johannes kam kaum mit ihrem Tempo mit. Kein Wunder, er hatte mehr als schlecht geschlafen. Verdammt, sie sollte gefälligst nicht so rennen. Und mit dem Lied, das sie da trällerte, wollte sie ihm doch nur ihre Fitness beweisen.

„Ist es nicht wunderschön hier?" Sie drehte sich zu ihm um. Mittlerweile hatten sie die Stadt hinter sich gelassen. Wälder, Felder, Flüsse, Seen, verhieß der Lutherwegführer. Und genauso war es auch. Das einfache Landgasthaus, in dem sie die zweite Nacht verbrachten, war entzückend.

„Ich möchte wissen", moserte Johannes trotzdem, „ob Luther wirklich auf dem Weg gegangen ist, den wir heute …"

„Natürlich nicht", fiel Magdalena ihm ins Wort. „Diesen Weg gab es ja damals noch gar nicht. Überleg doch mal, Johannes."

„Ja doch", erwiderte Johannes missmutig. Also, folgerte er stumm, war dieser ganze Weg durch die angeblich so herrliche Natur ein einziger … ja was? Er wollte das Wort nicht denken und dachte es doch: Beschiss. Was Magdalena nicht zu stören schien. Im Gegenteil, sie war so richtig aufgelebt. War sozusagen ein ganz anderer Mensch als gestern in Erfurt.

Das änderte sich schlagartig, sobald sie die nächste Stadt ansteuerten, in der Luther irgendetwas gemacht hatte. Was das gewesen war, interessierte Magdalena nicht die Bohne, wie sie sich ausdrückte. Johannes dagegen vergaß keine Kirche, kein Haus, kein Garnichts, wo Luther auch nur die winzigste Spur hinterlassen hatte. In einer solchen Stadt war er gut gelaunt, schritt rüstig aus. Wartete mit hochgezogenen Augenbrauen auf Magdalena, die herumtrödelte und missgelaunt über den unbequemen Rucksack schimpfte.

Dagegen schimpfte er über den an sich unschuldigen Rucksack, sobald sie eine Stadt mit Lutherflair hinter sich gelassen hatten und sich der Natur aussetzen mussten. Dann wies er Magdalena klagend auf die Blasen an seinen Füßen hin, sobald sie sich nach ihm umdrehte und ungeduldig mit dem rechten Fuß auf den Wanderweg klopfte. Mitleid schien sie nicht zu spüren. Langsamer wollte sie auch nicht gehen. Also rächte Johannes sich und überraschte sie mit einer zweistündigen Busfahrt durch das schöne Thüringen. Mit dem Bus, hatte er beschlossen, durfte man auf einer Pilgerreise fahren. Vor allem, wenn man durch den Bus schneller von einer Lutherstätte zur anderen kam. Und neunhundert Kilometer, die man laut Pilgerführer auf Luthers Spuren wandern konnte, schafften sie ohnehin nicht in zwei Wochen.

Magdalena nahm die Busfahrt mit Gelassenheit hin. Rächte sich am nächsten Tag, indem sie das

79

Tempo steigerte und nach dreißig Kilometer Fußmarsch durch den Wald zu dem hübschen Hotel am Wegesrand den Kopf schüttelte. Nein, also zehn Kilometer schafften sie heute noch locker. Oder etwa nicht?

In Schmalkalden streikte Magdalena, schützte Migräne vor und legte sich den ganzen Tag ins Bett. Johannes musste allein all das besichtigen, was in seinem Lutherpilgerwegführer angepriesen wurde.

Zwischen Schmalkalden und Tambach-Dietharz streikte Johannes. Hier wurde der Reformator von einem Nierenleiden lahmgelegt, hatte Magdalena im letzten Hotel in einer Broschüre gelesen. Angeblich hatte ihn das Wasser an einem Brunnen im Tamichgrund geheilt. Seitdem hieß der Brunnen Lutherbrunnen. Hier also rächte Johannes sich, fasste sich dahin, wo er die Nieren vermutete und ließ sich einfach ins Gras fallen.

„Soll ich dir etwa Wasser aus diesem ominösen Lutherbrunnen holen?", fragte Magdalena ärgerlich. Nein, das sollte sie nicht. Sie sollte ein Taxi rufen, das sie in die nächste Stadt bringen würde. „Damit ich dort einen Arzt aufsuchen kann", fuhr Johannes fort, „falls die Nierenkolik schlimmer wird."

Nierenkolik? Magdalena verzog die Mundwinkel. Ausgerechnet hier? Hätte sie ihm das doch nie von Luthers Nieren aus der Hotelbroschüre vorgelesen!

„Taxi!", ächzte Johannes. Ja, er war zum Notfall geworden. Und deshalb war ein Taxi trotz Pilgerreise legitim.

Zum Glück waren seine Nierenschmerzen schon am Abend nicht mehr existent. Worauf Magdalena gewettet hätte, hätte sie mit Johannes eine diesbezügliche Wette abgeschlossen.

Und so ging die Pilgerfahrt von Magdalena und Johannes langsam, aber sicher, zu Ende. Im Zug nach Hause saßen sie sich gegenüber und waren einfach nur froh. Dass sie das geschafft hatten! Fast dreihundert Kilometer waren sie zu Fuß gegangen! Vergessen waren die Strapazen, die ungleich verteilten Interessen. Dem Ehepaar, das sich zu ihnen auf die zwei freien Plätze setzte, erzählten sie begeistert von ihren Erfahrungen auf dem Lutherweg.

„Wir waren auch schon mal dort", verriet ihnen die Frau. Der Mann zitierte mit leuchtenden Augen eine Lutherwegpassage aus dem Internet:

„Das Lutherland Thüringen neu entdecken, das reformatorische Erbe neu befragen. Überall in

Thüringen ist das Erbe der Reformation authentisch sichtbar. Von Thüringen nahm die Reformation ihren Ausgang. Sie ist Teil der Thüringer Identität."

„So ist es", bestätigten Magdalena und Johannes einmütig. Beschlossen aber trotzdem, die in diesen zwei Wochen noch nicht erlaufenen restlichen circa sechshundertzweiundfünfzig Kilometer des Lutherwegs sausen zu lassen. Im nächsten Urlaub wollten sie sich einfach nur erholen. Am Strand in der Sonne liegen und relaxen.

„Sehr gescheit", fand das andere Ehepaar und empfahl Mallorca.

AUF EINER PARKBANK IN ERFURT

Luther: Ein Pilgerweg, der meinen Namen trägt. Lutherweg. Sehr schmeichelhaft. Der Mann, dieser Johannes, hat alles richtig gemacht. Hat sich gut vorbereitet, hat alle Stätten besucht, an denen ich gewirkt habe. Die Frau dagegen, diese Magdalena, nun ja.

Lutherin: Immerhin hat sie den gleichen Namen wie unsere liebe Tochter.

Luther: Deshalb hatte ich anderes von ihr erwartet. Schläft im Dom ein. Ausgerechnet dort, wo ich zum Priester geweiht wurde. Erinnerst du dich an meine Worte: „Erfurt liegt an einer idealen Stelle. Dort muss eine Stadt stehen, selbst wenn sie abbrennen würde."

Lutherin: Du hast viel gesagt, wenn der Tag lang war. Ich zitiere dich: „Die Wittenberger leben am Ende der zivilisierten Welt; wären sie nur ein wenig weiter gegangen, so wären sie mitten in die Barbarei gekommen."

Luther: Lass gut sein mit der Zitiererei. Ich jedenfalls lobe diesen Pilger Johannes. Seine Frau

83

dagegen scheint mir ziemlich töricht zu sein. Zieht die Natur meinem Wirken vor. Wenigstens hat sie nicht versucht, besonders klug zu erscheinen. Wie sagte ich einst so schön: „Es ist kein Rock, der einer Frau oder Jungfrau so übel ansteht, als wenn sie klug sein will."

Lutherin: Erstens sollte doch jetzt nach deinem Willen Schluss mit der Zitiererei sein. Und zweitens klingt das ziemlich frauenfeindlich.

Luther: Bist du schon nach wenigen Tagen auf der Erde von den sogenannten Emanzen angesteckt worden oder wie soll ich deine Worte verstehen?

Lutherin: Vergiss es! Du lässt dich ja eh nicht belehren.

Luther: Schon gar nicht von einer Frau. Und erst recht nicht von jener Magdalena, die da so frech-fröhlich an Thüringens Kirchen, Domen und Kapellen vorbeigetrampelt ist.

Lutherin: Dafür ist sie leichten Fußes durch Gottes herrliche Natur gewandert.

Luther: Das kann jeder. Auch ein Papist oder ein Atheist. Das ist keine Kunst.

Lutherin: Oh doch! Gott hat uns die Berge, die Wälder, Felder, Seen und Meere geschenkt, damit wir …

Luther: Ja doch. Aber auf einer Pilgerreise fordert Gott anderes von uns.

Lutherin: Weißt du das so genau?

Luther: Frag nicht so dumm. Schließlich habe ich lange genug studiert. Im Gegensatz zu dir.

Lutherin: Wie gut, dass uns niemand hören kann!

WO LUTHER NICHT WAR

Eisleben, Eisenach, Wittenberg, Erfurt, Gotha, Weimar und, und, und … Die durch Martin Luther berühmt gewordenen großen und kleinen Orte Thüringens sind so zahlreich, dass man leicht den Überblick verlieren kann. In jedem dieser zahllosen Orte gibt es zahllose Stätten, die Luther zu einer berühmten Stätte gemacht hat. Einfach dadurch, dass er dort einmal gewesen ist. Diese berühmten Stätten sind selbstverständlich mit einem entsprechenden Schild gekennzeichnet. Keinesfalls dürfen der Lutherfreund und die Lutherfreundin unwissend vorübergehen. Staunend sollen alle das Schild lesen. „Hier war Luther und hat …"

„Ja, unser Luther!", staunen die Lutherfreunde und Lutherfreundinnen. Wo der alles war! Und das ohne Flugzeug, Bahn, Bus, Auto oder Fahrrad. Immer auf Achse, unser Luther! In den Kirchen hat er gepredigt. Was sonst? Und so eine Kirche ist selbst durch eine einzige Lutherpredigt bis heute sozusagen geadelt. In anderen Gebäuden hat er studiert, diskutiert, gegessen, getrunken, Tischreden gehalten. Sicher auch gesungen, komponiert, gedichtet und, und, und … Gewiss hat ein Luther nie müßig herumgesessen und einfach nur nichts gemacht. Also wird man vergeblich nach einem Hinweisschild suchen, auf dem zu lesen ist: „Hier war Luther und hat nichts gemacht."

Dass seine Wirkungsstätten vor allem in dem schönen Bundesland Thüringen liegen, weiß man einfach. Oder man weiß es einfach nicht. Oder man denkt einfach nicht dran, wenn man sich ganz harmlos auf den Weg macht, um endlich auch Thüringen einmal kennenzulernen.

Genau so erging es Felicitas P. und Babette G. (die Namen wurden aus Gründen der Diskretion geändert). Ein kleines grünes Auto sollte sie ganz gemächlich durch dieses ihnen noch unbekannte Bundesland bringen. Spontan wollten sie dort halten, wo es ihnen besonders gut gefiel. Als sie das Schild „Thüringen" passierten, saß Felicitas am Steuer, Babette dirigierte die Freundin mittels eines Atlas. Da sie kein besonderes Ziel im Auge hatten, sondern spontan anhalten wollten, erwies sich das Navi als unnütz.

Die Straße führte bergauf, bergab. Der Wald wirkte freundlich und lud zur Rast ein. Felicitas steuerte das Auto auf einen Parkplatz, der nur für Gäste des kleinen Hotels dort am Wegrand reserviert war. Entzückend, dieses Hotel mitten im Wald. Hier wollten sie einen Kaffee trinken. Vielleicht sogar nach einem Zimmer für die Nacht fragen.

Gut gelaunt gingen die beiden Frauen auf das Hotel zu. Wunderschön, die Hängegeranien, die die Balkone verzierten. Fantastisch die Schwarzäugige Susanne, die sich neben der Eingangstür in die Höhe rankte. Ja, hier wollten sie übernachten.

„Haben Sie reserviert?", fragte die blond gelockte Frau an der Rezeption.

Felicitas lachte. Nein, sie hatten ja bis heute nichts von der Existenz dieses schnuckeligen Hotels gewusst.

„Dann tut es mir leid", sagte die Rezeptionistin.

„Wie – leid?" Babette runzelte die Stirn.

„Wir sind ausgebucht."

„Wie – ausgebucht?" Felicitas runzelte ebenso wie ihre Freundin die Stirn. So ein Hotel mitten im Wald konnte doch nicht ausgebucht sein. Das gab es doch gar nicht.

„Doch, das gibt es", erwiderte die Blondgelockte. „Jedenfalls in diesem Jahr."

Felicitas und Babette sahen sich ratlos an. Was war

an diesem Jahr Besonderes? Hatten sie etwas verpasst?

„Scheint so." Die Rezeptionistin musste lachen. Obwohl sie gelernt hatte, nicht über Gäste zu lachen. Felicitas und Babette warteten etwas pikiert, bis das Lachen beendet war. Dann verlangten sie eine Erklärung.

„Lutherjahr", sagte die Frau. „Und? Klingelt's jetzt?"

Nein, es klingelte nicht. Lutherjahr, was sollte das sein?

Die Frau fasste sich an die Stirn, schüttelte den Kopf, seufzte vernehmlich. Sollte sie etwa bei null beginnen und diese beiden Ignorantinnen über Luther aufklären? Dann fiel ihr ein, dass sie möglicherweise zwei Katholikinnen vor sich hatte. Die ebenso möglicherweise aus Bayern stammten. In Bayern war man im Gegensatz zu Thüringen eher katholisch und daher nicht unbedingt positiv auf Luther eingestellt. Wenn das so war, musste man den beiden Damen ihr Unwissen verzeihen. Obwohl eigentlich niemand, der die Medien verfolgte, am Lutherjahr vorbeikam. Selbst Atheisten nicht.

„Das Lutherjahr", begann sie, „wird in diesem Jahr begangen, weil …"

Weiter kam sie nicht. Zwanzig, dreißig Leute stürmten durch die Tür, verlangten nach ihren Zimmerschlüsseln. Felicitas und Babette traten zur Seite. Beobachteten, wie nach und nach jeder mit seinem Zimmerschlüssel zum Fahrstuhl oder zur Treppe strebte. Beneidenswert, die Glücklichen, die anscheinend rechtzeitig ein Zimmer vorbestellt hatten.

„Rechtzeitig?" Die Blondgelockte hob den Zeigefinger. Vor zwei Jahren schon hatte die Tagungsleitung das gesamte Hotel für diese drei Tage gemietet.

„Einen Tag später und wir hätten denen absagen müssen. Ja, hier finden häufig Tagungen statt. Dieses Jahr haben alle Tagungen irgendetwas mit Luther zu tun. Ich glaube, diese Tagung geht über Luther und sein Verhältnis zu Frauen."

„Na servus", sagte Babette ärgerlich.

„Kriegen wir wenigstens einen Kaffee bei Ihnen?", fragte Felicitas missmutig. Kurz dachte sie an Doktor Martin Luther, der ihr selbstverständlich kein Unbekannter war. Ihr Schulwissen über ihn hatte sie noch nicht ganz vergessen. Reformator, Bibelübersetzer, Tintenfasswerfer. Dass der ihnen heute das reizende Hotel vermieste, war nicht nett von ihm. Dass sie wegen ihm auch keinen Kaffee bekamen, war schon heftiger als nicht nett. Das war einfach nur boshaft. Wegen der Tagungsteilnehmer, erklärte ihnen die Blondgelockte, hatte das Hotel für alle auswärtigen Gäste geschlossen. „Wir müssen ja auch an geregelte Arbeitszeiten für das Personal denken."

Also so etwas hatten die beiden Frauen noch nie erlebt. Zwei Tassen Kaffee konnten doch wohl die Arbeitszeiten des Hotelpersonals nicht in die Höhe treiben. Dabei duftete das ganze Haus herrlich nach Kaffee. Der für die Tagungsteilnehmer bestimmt war, wie die Rezeptionistin erklärte. Zwei Kellner trugen Torten in den Speisesaal. Wütend stiegen Felicitas und Babette ins Auto und fuhren weiter. Irgendwann verrauchte ihre Wut. Die ersten Dächer und Kirchtürme einer Stadt tauchten auf. Sie nickten sich zu. Dort würden sie einen Kaffee bekommen und ein Hotelzimmer finden. Zuerst der Kaffee. Oder besser einen Cappuccino. In dem Eiscafé rechts neben der Kirche. Draußen war noch ein Tisch frei. Der Kellner brachte die Cappuccinos. Felicitas zeigte auf das Muster aus aufgeschäumter Milch. Sehr hübsch. Was war das?

„Lutherrose", antwortete der Kellner knapp und verschwand.

Eine Lutherrose auf dem Cappuccino? Babette lächelte milde. Felicitas lächelte ebenso milde zurück. Na gut, auch wenn ihnen Luther vorhin die Zimmer in dem hübschen Hotel weggeschnappt hatte, wollten sie nicht nachtragend sein und den Cappuccino trotz Lutherrose mit Genuss trinken. Danach wurde es Zeit für einen Rundgang durch die Stadt. Sehr hübsch. Zahllose Schilder, an denen man nicht vorbeigehen konnte, ohne sie zu lesen: Hier hat Luther … Hier war Luther … Hier predigte Luther … Hier dichtete Luther … und so weiter. Na gut. Wer Freude dran hatte, konnte sich an den Schildern berauschen, fand Babette. Felicitas stimmte ihr zu. Bei ihnen kam keine rechte Freude auf, nachdem sie im dritten Hotel eine Absage bekommen hatten. Alles belegt. Lutherjahr eben. Da strömten die Gäste aus der ganzen Welt ins Lutherland Thüringen.

„Und wir Deppen mussten mitströmen", ärgerte Babette sich, nachdem im vierten Hotel wieder einmal eine Luthertagung angesagt war. Im fünften übte schon den dritten Tag ein großer Chor Lutherlieder für einen Fernsehauftritt. Im sechsten wurde drei Tage über Lutherworte meditiert. Im siebten … Ein siebtes gab es nicht. Also beschlossen Felicitas und Babette, die Jugendher-

 92

berge aufzusuchen. Sie hätten zwar mehr Lust auf Hotelkomfort, aber das konnten sie sich für diese Nacht abschminken.

„Was wollen Sie? Eine Übernachtung hier bei uns?", fragte der Pächter der Jugendherberge. Fassungslos über so viel Dummheit schlug er die Hände über dem Kopf zusammen. „In diesem Jahr ist doch …"

„… Lutherjahr", fielen die beiden Frauen ihm ins Wort. Na also, der Wirt nickte heftig mit dem Kopf. Wenn sie das gewusst hatten, hätten sie sich doch denken können, was hier in der Stadt los war. „Und nicht nur in unserer Stadt", fuhr er fort. „In allen Städten Thüringens."

Das nun glaubten ihm weder Felicitas noch Babette. Sie hatten einfach Pech mit dieser Stadt gehabt, wo Luther offenbar an fast jedem Platz seine Spuren hinterlassen hatte. Er konnte ja nicht überall in Thüringen gewesen sein. Also mussten sie jetzt einfach nur die Stadt suchen und finden, an der er gruß- und blicklos vorübergezogen war. Hoffentlich fanden sie diese Stadt recht bald! Für heute hatten sie die Nase voll vom Autofahren.

Noch immer hoffnungsvoll steuerten sie die nächsten Städte an. Um Zeit zu sparen, suchten sie dort zunächst die Touristeninformation auf.

Nichts. Alle Hotels, alle Gasthäuser, alle Pensionen, alle Jugendherbergen, alle Privatzimmer waren ausgebucht. Und schuld war immer wieder Luther, Luther, Luther.

So langsam wurde es dunkel. Babette saß am Steuer des Autos. Sie parkte das Auto am Straßenrand eines winzigen Dorfes, in dem es noch nicht einmal einen Bäcker oder ein Gasthaus gab, geschweige denn eine Übernachtungsmöglichkeit. Ratlos starrten die Freundinnen nach draußen. Was war zu tun? Welcher Teufel hatte sie geritten, Thüringen ausgerechnet im Lutherjahr zu besuchen? Dabei waren sie beide evangelisch. Hätten also ein Recht auf ein Bett in diesem Lutherland gehabt. Sollten sie einfach an irgendeine Tür klopfen und um die Benutzung des eventuell vorhandenen Gästezimmers bitten?

„Würden wir unser Gästezimmer wildfremden Leuten zur Verfügung stellen?", fragte Felicitas zweifelnd. Babette winkte ab. Selbstverständlich nicht. Im Zeitalter möglicher Terroristen war das viel zu gefährlich. Jeder wusste, dass heutzutage auch harmlos wirkende Frauen einen Überfall planen konnten. Also mussten sie weiterfahren. In ein anderes Bundesland, in dem Luther – hoffentlich jedenfalls – niemals gepredigt, gesungen, gedichtet, gegessen, getrunken oder sonst was gemacht hatte. Seufzend legte Babette den ersten Gang ein.

Die Straße führte bergauf in einen tiefen Wald. Beinahe wäre ein Reh ins Auto gelaufen. Babette fluchte und fuhr rechts ran. Entdeckte das Schild. Nahm die Taschenlampe, stieg aus und richtete den hellen Strahl auf das Schild, auf dem in großen, gut lesbaren Buchstaben stand:

„Hier war Luther nie!"

Trotz ihrer schlechten Laune lachte sie und winkte Felicitas zu. Das Schild mussten sie fotografieren. Mit Blitzlicht nicht unmöglich.

Felicitas stieg aus und entdeckte den Pfeil auf dem Schild, der auf einen kleinen Weg nach rechts wies. Führte der Weg etwa zu einem Ort, an dem Luther tatsächlich nie gewesen war? Vielleicht eine Kapelle, die er übersehen hatte? Oder ein Wirtshaus, das kein Bier angeboten hatte? Babette erinnerte sich, dass Luther Bier ziemlich geschätzt hatte. Das wusste sie aus irgendeinem Zeitungsartikel. Ob nun eine Kapelle oder die Ruinen eines mittelalterlichen Wirtshauses, diesen lutherlosen Ort mussten sie sehen. Trotz Müdigkeit und Dunkelheit. Vorsichtig lenkte Babette das Auto den Weg entlang. Nach ungefähr einem

Kilometer stießen sie gemeinsam einen Schrei aus. Ein Haus, hell erleuchtet. Und nicht nur das. Das hell erleuchtete Haus war ein Hotel.

„Hotel Rosenkranz". Das Schild war eindeutig. Babette und Felicitas staunten. Ein Hotel, hier, mitten in der Pampa? Hoffentlich keine Fata Morgana!

Keine Fata Morgana. Ein ganz normales Hotel. Normal? Dann wären alle Zimmer ausgebucht, weil es in Thüringen lag. Ohne große Hoffnung standen die beiden Frauen an der Rezeption. Wie, nicht ausgebucht? Zwei Zimmer waren noch frei? Ja, die Damen könnten gern ihr Gepäck holen und einchecken, sagte die schwarz gelockte Frau an der Rezeption. Was? Ob sie keine Lutherdiskutierer, Luthersänger, Lutherposaunenchöre, Luthermeditierer oder sonst welche Lutherfans beherbergten?

„Nein." Die Schwarzgelockte schüttelte den Kopf. Wie kamen die beiden Damen denn auf die Idee. Dann fiel es ihr ein. Ach so, ja, Lutherjahr, natürlich.

„Bei uns nicht" erklärte sie. „ Der Hotelbesitzer ist praktizierender Katholik. Und stellt aus Prinzip nur praktizierende Katholiken ein. Verweigert jede Veranstaltung, die sich um Luther dreht.

Auch wenn er dadurch weniger Geld verdient. Warum er das so macht? Ich sagte es ja schon – aus Prinzip. Irgendwie muss man sich gegen die Lutherflut abgrenzen, sagt er immer. Und dieser Luther hat kein freundliches Wort für uns Katholiken gefunden, sagt er auch. Papisten hat uns dieser Luther beschimpft, sagt er. Und dass es ein Wunder Gottes ist, dass Luther nie an der Stelle gestanden hat, wo jetzt sein Hotel steht, sagt er. Und …"

Bevor noch mehr Sätze des Hotelbesitzers zitiert werden konnten, fragte Felicitas, ob die Gäste denn auf ihre Konfession geprüft würden. Da sie beide evangelisch waren, sah sie die Übernachtungsmöglichkeit dahinschwinden.

Die Rezeptionistin antwortete nicht direkt. Sagte nur mit satter Stimme: „Meine Damen! Sie sind ja wohl eindeutig katholisch. Das sehe ich doch auf den ersten Blick. Willkommen!"

Felicitas und Babette zuckten noch nicht einmal zusammen.

„Haben wir nun unseren Glauben verraten?", fragte Babette, als ein wunderbares Essen aufgetischt wurde. Thüringer Klöße mit Thüringer Bratwurst und Thüringer Sauerkraut. Dazu herrlich schäumendes Thüringer Bier.

„Nein." Felicitas schüttelte den Kopf. Der Glaube hatte ihrer Meinung nach nichts mit einem Hotel zu tun, dessen Besitzer anscheinend ein fanatischer Katholik war. Wie es eigentlich nicht mehr in die moderne Zeit der Ökumene passte.

„Glück für uns", sagte Babette. „Sonst hätten wir jetzt nicht dieses wunderbare Essen. Und kein Zimmer für die Nacht. Trinken wir auf diesen fanatischen katholischen Hotelbesitzer. Und danach auf Martin Luther, weil er hier nie aufgetaucht ist."

„Na dann prost!" Babette hob ihr Bierglas.

„Prost", erwiderte Babette.

AUF EINER PARKBANK IN EISENACH

Luther: „Wenn ich sterbe, will ich ein Geist werden und die Bischöfe, Pfaffen, die gottlosen Mönche so plagen, dass sie mehr mit einem gestorbenen Luther zu schaffen haben sollen als zuvor mit tausend Lebendigen."

Lutherin: Geht das schon wieder los mit deinen Zitaten.

Luther: Verstehst du wenigstens, warum ich gerade das zitiert habe?

Lutherin: Nein. Weder Babette noch Felicitas sind Bischöfe, Pfaffen oder gottlose Mönche.

Luther: Aber gottlos sind sie. Sie haben tatsächlich ihren Glauben verraten. Sie hätten bekennen müssen, dass sie evangelisch sind.

Lutherin: Aber es hat sie doch niemand danach gefragt.

Luther: Du verstehst wirklich nichts.

Lutherin: Meinetwegen. Aber freust du dich nicht, dass in diesem Lutherjahr so viele Menschen in Thüringen sind wie nie zuvor? Alle Hotels ausgebucht, nur wegen dir.

Luther: Eins war nicht ausgebucht. Und das wurmt mich. Weißt du, was ich jenem Hotelbesitzer gern einmal sagen würde? „Pestis eram vivus, moriens ero mors tua, papa."

Lutherin: Was heißt denn das nun schon wieder?

Luther: „Lebend war ich die Pest, sterbend werde ich dein Tod sein, Papst."

Lutherin: Der Hotelbesitzer ist doch nicht der Papst.

Luther: Richtig. Aber er huldigt als Katholik dem Papst. Und der muss weg.

Lutherin: Aber der, der im Moment Papst ist, soll doch ganz gut sein.

Luther: Mag sein. Aber Papst ist Papst.

Lutherin: Na gut. Dann sag dem Hotelbesitzer das. Glaubst du, der wird daraufhin vor Schreck zum Protestanten?

Luther: Wenn es nach mir ginge: ja. Dann könnte endlich das Lutherjahr auch in seinem Hotel einziehen.

Lutherin: Arme Babette. Arme Felicitas. Ihr müsst dann sofort einem Lutherpiccoloflötenensemble Platz machen.

Luther: Ich glaube fast, du nimmst mich nicht ernst.

Lutherin: Wie gut, dass uns niemand hören kann!

DIE FÜNF LUTHER

*T*ante Elma und Onkel Hubert hatten ihren Besuch angekündigt. Die fünf Kinder der Obermeiers freuten sich. Tante und Onkel waren kinderlos, brachten demnach immer tolle Geschenke mit. Weil sie Kinder liebten und genug Geld hatten. So jedenfalls hatten sie es den Eltern Obermeier einmal erklärt, als die sich über die Fülle der Geschenke erstaunt geäußert hatten.

Greta, Sebastian, Laura, Hugo und Emma saßen einträchtig im Spielzimmer und malten sich die in fünf Minuten kommenden Geschenke aus. Es läutete. Alle fünf Kinder stürzten zur Haustür, überhäuften Tante Elma und Onkel Hubert mit Umarmungen und Küssen. Die beiden strahlten. Schön, wenn man bei Kindern so beliebt war. Vater Obermeier ermahnte die Kinder, die Verwandten doch erst einmal Luft holen zu lassen. Galant nahm er Tante Elma den Mantel ab und hängte ihn in die Garderobe. Mutter Obermeier nahm dankend den riesigen Rosenstrauß von Onkel Hubert entgegen.

Der Kaffeetisch war auf der Terrasse gedeckt. Man setzte sich. Die Kinder starrten gebannt auf Tante Elmas Tasche. Eine eher kleine Tasche. Also waren die Geschenke auch klein, vermutete Greta. Was nichts Negatives besagen musste. Beim letzten Besuch hatte sie zwei wunderschöne Ohrringe bekommen. Und Ohrringe waren ja auch nicht gerade groß und trotzdem ein super Mitbringsel.

Bis nach dem Kaffeetrinken mussten sie und ihre Geschwister die Spannung ertragen. Die Regel galt: Nach dem Kaffeetrinken verzogen sich die Kinder ins Spielzimmer, wohin ihnen Tante und Onkel bald folgten. Dann erst wurden die Geschenke verteilt. Sebastian beobachtete missmutig, wie die Mutter das zweite Stück Kuchen auf Tante Elmas Teller legte. Bald darauf landete das dritte Kuchenstück auf Onkel Huberts Teller. Wenn das so weiterging, müssten sie ja noch ewig warten. Er spürte einen Tritt ans Bein. Der Vater hatte offenbar seine Ungeduld bemerkt. Emma klopfte nervös mit dem Löffel auf ihren Teller. Nahm dieses dämliche Kaffeetrinken denn nie ein Ende? Laura und Hugo zappelten unruhig hin und her. Endlich war es so weit! Die Kinder durften aufstehen und ins Spielzimmer gehen.

Tante Elma und Onkel Hubert winkten ihnen verheißungsvoll nach.

Im Spielzimmer begann das große Rätselraten. Was befand sich in Tante Elmas Tasche, die tatsächlich, wie Greta schon festgestellt hatte, nicht besonders groß war? Für fünf Geschenke sogar besonders klein. Der von Sebastian so heiß gewünschte Traktor war auf keinen Fall in dieser Tasche.

„Mein Puppenbett auch nicht", stellte Laura fest.

„Vielleicht eine Goldkette für mich?", träumte Greta vor sich hin.

„Blöde Goldkette", konterte Hugo, der sich schon lange einen Bahnhof für seine Eisenbahn wünschte.

„Blöde Eisenbahn", ärgerte Emma den Bruder. Ihr schwebte ein Einrad vor.

Und dann kamen Tante Elma und Onkel Hubert ins Spielzimmer. Sie setzten sich auf zwei Hocker und genossen die gespannten Kindermienen. Tante Elma öffnete die Tasche. Onkel Hubert forderte die Kinder auf, die Augen zu schließen und die Hände auszustrecken. „Nicht mogeln!", fügte er gut gelaunt hinzu. Gehorsam schlossen die Kinder die Augen und streckten Tante Elma die geöffneten Hände hin. Langsam, ganz langsam griff die Tante in die Tasche. Onkel Hubert verteilte das, was die Tasche bisher gefüllt hatte, in die Kinderhände.

„Augen auf!", kommandierte er. Fünf Augenpaare öffneten sich.

„Was ist das denn?" Sebastian starrte auf das Ding in seiner Hand. Eine Playmobilfigur. Seine Augen wanderten zu den Händen der vier Geschwister. Die gleiche Playmobilfigur. Die recht merkwürdig aussah. Auf dem Kopf eine Art Baskenmütze. In der rechten Hand etwas, das einer Vogelfeder ähnelte. Die linke Hand hielt dem Betrachter ein aufgeschlagenes Buch entgegen. Wer sollte das wohl sein? Der komische Mann passte ja überhaupt nicht zu dem Piratenschiff, mit dem er häufig spielte. Und zu dem Zirkus, den Hugo besaß, passte der auch nicht. Zu Emmas Pferdehof erst recht nicht. Laura und Greta spielten schon lange nicht mehr mit Playmobil.

„Da staunt ihr, was?", fragte Tante Elma.

„Damit habt ihr nicht gerechnet, wetten?", fragte Onkel Hubert. Beide strahlten über das ganze Gesicht, weil ihnen die Überraschung offenbar gelungen war.

Die Kinder waren gut erzogen. Also bedankten sie sich höflich. Sahen sich unsicher an. Was sollten sie wohl mit diesem Playmobilkerl anfangen? Keine Ahnung, signalisierten sie sich gegenseitig. Dieser Verwandtenbesuch war total danebengegangen.

„Nun spielt mal ein bisschen mit eurem Luther!", forderte Onkel Hubert die Kinder auf.

Luther? Wie Luther? Was Luther? Noch hatten die Kinder nichts begriffen. Da nahm Tante Elma Emma ganz vorsichtig die Playmobilfigur aus der Hand und sagte mit verstellter Stimme zu den anderen Figuren: „Guten Tag. Ich bin Doktor Martin Luther. Und wer seid ihr?"

„Auch Martin Luther?", erwiderte Sebastian unsicher. Da alle Figuren gleich aussahen, konnten sie ja nicht gut Bastian Schweinsteiger oder Manuel Neuer sein.

„Und ihr?" Tante Elma wandte sich an die drei anderen Figuren. „Wer seid ihr?"

„Auch Martin Luther", erklang die resignierte Antwort dreistimmig.

Tante Elma gab Emma Luther zurück und nickte ihrem Ehemann befriedigt zu. Jetzt hatten es die Kinder begriffen. Sie war beim Kauf der fünf Luthers ein wenig skeptisch gewesen. Wurde der Playmobil-Luther wirklich von Kindern als solcher erkannt?

„Wird schon", hatte Hubert gehofft. Immerhin waren die Kinder nicht dumm und hatten in Religion bisher nur Einsen oder Zweien nach Hause gebracht. Mit Elmas kleiner Nachhilfe war seine Hoffnung ja auch in Erfüllung gegangen. Emma hob den Finger wie in der Schule und fragte, warum diese fünf Luthers eine Feder und ein Buch in der Hand hielten. Onkel Hubert nickte ihr zu. Jetzt war seine Nachhilfe angesagt.

„Doktor Martin Luther", begann er, „hat die Bibel ins Deutsche übersetzt. Das wisst ihr doch sicher? Gut. Da er keine Schreibmaschine oder gar einen PC zur Verfügung hatte", er lachte über seinen scherzhaften Exkurs, „musste er alles mit der Hand schreiben. Kulis oder Füller gab es damals auch noch nicht. Die Menschen hatten Federn, die sie in Tinte tauchten und …"

Die Kinder setzten sich auf den Fußboden. Onkel Huberts Vortrag über Luther schien sehr ausführlich zu werden. Nach einer halben Stunde mahnte Tante Elma zum Aufbruch. „Aber ich bin noch lange nicht fertig", widersprach Onkel Hubert. Tante Elma vertröstete ihn auf ihren nächsten Besuch.

Die Kinder erwachten aus ihrer Erstarrung, in die sie gefallen waren, und ließen sich zum Abschied von Onkel und Tante umarmen.

 106

„Viel Spaß mit den Luthers!", wünschten die beiden und verließen das Spielzimmer. Als die Haustür hinter ihnen ins Schloss gefallen war, hörten die Eltern ein fürchterliches Geschrei aus dem Spielzimmer. Was war passiert?

Eigentlich nichts. Nur eine gewisse Enttäuschung machte sich Luft. Weiter nichts. Alle fünf Kinder schrien durcheinander. Was man mit so einem blöden Luther wohl anfangen sollte, beschwerten sie sich lautstark. So ein dämliches Geschenk hätten sie nie von Tante Elma und Onkel Hubert erwartet. Und so weiter.

„Nun macht mal halblang", versuchten die Eltern die Kinder zu beruhigen. Halblang? Was sollte das wohl bedeuten? Sollten sie sich etwa freuen?

„Ja", befand Mutter Obermeier. Immerhin waren sie mitten im Lutherjahr. Da war so ein Luther als Playmobil doch ein schönes Symbol.

„Symbol? Wofür?", wollte Greta als Älteste wissen. Mutter Obermeier zuckte mit den Achseln und sah ihren Ehemann fragend an. Er war Studienrat für Geschichte und kannte sich da sicher besser aus.

Vater Obermeier behauptete, sich jeden Kommentars zu enthalten. Schließlich war er katholisch. Nur seine Frau und die Kinder waren evangelisch. Und kein anderer als Luther war daran schuld.

Ach ja! Mutter Obermeier fasste sich erschrocken an die Stirn. Verflixt, das vergaß sie immer wieder. Und das hatten Onkel und Tante sicher auch vergessen. „Weil du aber auch nie in die Kirche gehst", warf sie ihrem Mann vor.

„Du und die Kinder", konterte er, „ihr geht ja auch nur Weihnachten oder Ostern in die Kirche."

„Na und?" Mutter Obermeier stemmte die Arme in die Seiten. Wollte er ihr das etwa zum Vorwurf machen? Nein, das wollte er nicht. Er wollte hiermit nur einmal feststellen, wie tolerant er sich innerhalb der gesamten Familie verhielt. Zu der auch Elma und Hubert zählten. Und diese seine Toleranz wurde nun mit fünf Luthers belohnt. Die ihn täglich daran erinnern würden, dass er der Außenseiter in der Familie war. Sozusagen das schwarze Schaf. Sehr taktlos, das alles.

„Jetzt übertreibst du aber gewaltig", warf ihm Mutter Obermeier vor.

Na gut, wenn die Wahrheit Übertreibung genannt wurde, dann war der Schwarze Peter damit bei ihm gelandet. Vater Obermeiers Gesicht rötete sich.

 108

Der Streit war nicht mehr zu vermeiden. Die Kinder überließen den Eltern das Spielzimmer und verzogen sich in ihre Zimmer. Dort öffnete Greta ihren Laptop und gab im Internet „Luther" ein. Was da über sein Leben zu lesen war, interessierte sie nicht. Lutherzitate auch nicht. Da, endlich kam sie auf die gewünschte Seite. Angebote, was es so alles zu kaufen gab. Luthergläser, Luthersocken, Lutherbonbons, Luthereinkaufswagenchips, Luther als …

„Ich hab's!", schrie sie. Die Geschwister kamen angerannt. Greta wies auf den Bildschirm. Da stand die Playmobilfigur, die sie seit einer Stunde fünffach besaßen.

„Wie? Nur zwei Euro neununddreißig kostet das Ding?" Sebastian verzog den Mund.

„Bisher vierhunderttausendmal verkauft", fügte Laura hinzu.

„Dreihunderttausendfünfundneunzig Mal wäre auch genug gewesen", maulte Hugo, das Rechengenie der Familie. Die Geschwister nickten. Wenn das so wäre, würden sie jetzt friedlich mit den Eltern beim Abendessen sitzen.

„Dieser Luther hat nicht nur die Kirche gespalten", hörten sie die väterliche Stimme aus dem Spielzimmer schreien „Nein, auch unsere Familie."

„Hat er nicht", schrie Mutter Obermeier zurück. „Bis heute war es dir doch piepegal, dass ich und die Kinder evangelisch sind und du katholisch."

„War es nie!"

„War es doch!"

Greta, Sebastian, Laura, Hugo und Emma hielten sich die Ohren zu. Bis Emma, der Jüngsten, eine Idee kam. Wenn diese fünf Luthers nicht mehr im Haus waren, gab es für die Eltern keinen Grund mehr zu streiten. Richtig?

Richtig! Wohin also mit den Luthers? In den Müll? Keinesfalls! Geschenke warf man nicht in den Müll. Spenden? Wer würde sich über fünf Luthers, die er nicht bezahlen musste, freuen? Niemand fiel ihnen ein. Ihre Freunde und Freundinnen? Unsicher. Wer wusste schon, ob die evangelische oder katholische Eltern hatten? Im Spielzimmer wurde noch immer gestritten. Blöd. Noch nicht einmal das Glockengeläut aus der Kirche gegenüber übertönte die elterlichen Stimmen.

Und plötzlich kam den Geschwistern eine Idee. Beinahe gleichzeitig. Glocken. Kirche. Wohin gehörte ein Luther? In die Kirche. Jedenfalls hatte er in zahlreichen Kirchen Deutschlands gepredigt. Das wusste Hugo aus dem Religionsunterricht.

Einig wie selten schlichen sich die fünf Geschwister aus dem Haus. Gingen über die Straße. Betraten die Kirche. Stellten ihren Luther auf fünf verschiedenen Kirchenbänken ab. Gingen zurück ins Haus. Betraten das Spielzimmer. Greta als Älteste richtete das Wort an die Eltern.

„Kein Grund mehr zum Streiten", sagte sie. „Die fünf Luthers sind weg."

Wie – weg? Vater und Mutter Obermeier verstanden nicht. Greta erklärte es ihnen.

Vater und Mutter Obermeier atmeten auf. Dann war es ja gut. Sie gaben sich die Hand und versöhnten sich. Mutter Obermeier war stolz auf ihre Kinder. So einen weiten Weg hatten sie für den häuslichen Frieden auf sich genommen.

„Wieso weiter Weg?", fragten die Kinder erstaunt. Die Kirche war doch gleich gegenüber.

„Das ist die katholische Kirche", antwortete Mutter Obermeier. „Luther aber war evangelisch. Gehört also in die evangelische Kirche. Das wisst ihr doch sicher."

Der Erste, der laut lachte, war Vater Obermeier.

AUF EINER PARKBANK
IN NÜRNBERG

Luther: Das ist die Höhe! Ich in einer katholischen Kirche! Was sagst du dazu, Lutherin?

Lutherin: Und das gleich fünffach. Nun ja, die Kinder wussten es nicht besser. Wie hast du einmal gesagt: „Kinder sind das lieblichste Pfand in der Ehe. Sie binden und erhalten das Band der Liebe."

Luther: Was willst du ausgerechnet jetzt damit sagen?

Lutherin: Die fünf Kinder der Obermeiers haben den Streit der Eltern beendet und damit deren Liebe zueinander gestärkt.

Luther: Also das kann sich wirklich nur ein Weib ausdenken. Hätten die Kinder friedlich mit mir gespielt, hätten sich die Eltern nicht gestritten.

Lutherin: Nun sag mal ehrlich: Was können Kinder denn schon mit dir spielen? Ich meine jetzt mit dir als Playmobilfigur.

Luther: Oh, da fällt mir so einiges ein. Zum Beispiel: Jener Hugo besitzt einen Playmobil-zirkus, wie ich gehört habe. Im Zirkus gibt es meist ungläubige Menschen. Dort hätte sein Luther das Evangelium verkünden können. Und alle Artisten, Seiltänzer, sogar die Clowns wären gute Christen geworden.

Lutherin: Na, das ist ja ein richtig spannendes Spiel.

Luther: Vergiss es. Du verstehst mich wieder einmal nicht. Sprechen wir von den Eltern. Eine Mischehe. Selbst du musst einsehen, dass das auf Dauer nicht gut geht. Immerhin ging es bei ihrem Streit um den Glauben.

Lutherin: Wie bitte? Na egal. Auf jeden Fall ist ihr Streit doch erfreulich schnell zu Ende gegangen. Nachdem du endlich in der Kirche warst. Ich meine, du als Playmobilfigur.

Luther: Vergiss nicht: in der falschen Kirche. Das bringt kein Glück.

Lutherin: Warten wir's ab. Was ich dich noch fragen wollte: Bist du kein bisschen beleidigt, dass du als Playmobilfigur, sozusagen als Spielzeug, zum Verkauf angeboten wirst?

Luther: Nein. Denn wie habe ich einmal ganz richtig gesagt? „Die Kinder leben ganz rein im Glauben, ohne groß zu überlegen, wie

Ambrosius sagt: Es fehlt ihnen zwar an Verstand, aber nicht am Glauben."

Lutherin: Oh weh, wenn das die Kinder der Jetztzeit hören würden.

Luther: Wieso? Sind die etwa verständiger als früher?

Lutherin: Wie gut, dass uns niemand hören kann!

CHRISTLICHER AUFTRAG
IM SUPERMARKT

*J*m Supermarkt war die Hölle los. Plötzlich funktionierten die Euromünzen nicht mehr, die in die Schlitze der Einkaufswagen gesteckt werden mussten. Also beschwerten sich die Kunden, schimpften mehr oder weniger laut und fuhren weiter in den nächsten Supermarkt.

Roland Schlumm, der Chef des Supermarkts, wusste, was zu tun war. Er bestellte einen Techniker. Der sollte das Problem so schnell wie möglich lösen. Der Techniker kam, untersuchte die Schlitze der Einkaufswagen, kam aber leider zu keinem Ergebnis. Roland Schlumm rang die Hände. Immer mehr Kunden machten frustriert kehrt. Der Verdienstausfall war beträchtlich. Wütend überhäufte er den Techniker mit Vorwürfen. Wieso schaffte der es nicht, diese kleine Panne zu beheben?

„Machen Sie es doch selbst", brummte der Techniker und packte seine Sachen zusammen. Ehe Roland Schlumm irgendetwas erwidern konnte, machten beide Männer zur gleichen Zeit große Augen. Hatte sich das Problem von selbst erledigt oder was war da los? Die Kundin dort links steckte wie selbstverständlich einen Euro in den Einkaufswagenschlitz und stellte ihren Korb in dem Wagen ab.

„Halt!" Roland Schlumm und der Techniker stürzten auf die Frau zu, hielten ihren Einkaufswagen fest. Wie war es ihr gelungen, den Einkaufswagen zu ergattern?

„Ergattern?" Die Frau zog die Augenbrauen in die Höhe. Ganz normal wie immer hatte sie ihren Einkaufswagenchip in den Schlitz gesteckt und damit den Einkaufswagen nicht ergattert, sondern sozusagen geliehen. Bis sie den Einkaufswagen wieder ordnungsgemäß abstellte, ihren Chip herauszog und nach Hause ging. Misstrauisch musterte sie die beiden Männer. Waren die etwa Rassisten? Da sie ein Kopftuch trug, war sie deutlich als Muslima zu erkennen.

Roland Schlumm und dem Techniker waren das Kopftuch und die Religionszugehörigkeit der Frau gleichgültig. Wichtiger war ihre Erkenntnis: Diese Kundin benutzte keine Münze, sondern einen Chip. Könnte sie ihnen den bitte einmal zeigen? Nein, nicht weil man ihr misstraute, sondern weil dieser Chip vielleicht die Lösung des Supermarktproblems sein könnte. Flehentlich bat Roland Schlumm sie, den Einkaufswagen noch einmal in seine Halterung zu schieben und den Chip herauszuziehen.

Die Frau begriff zwar nichts, nahm trotzdem geduldig zwei solcher Chips aus ihrer Jackentasche.

„Hier habe ich noch zwei von den Dingern."

Roland Schlumm und der Techniker nahmen je einen Chip in die Hand. Der eine Chip war goldfarben, der andere messingfarben. Ein Mann war auf dem Chip abgebildet, der seine Umwelt mürrisch, abwartend oder verächtlich anschaute. So genau war das nicht zu erkennen. Eine merkwürdige Mütze zierte seinen Kopf. Zwei Haarsträhnen guckten unter der Mütze hervor.

„Wer soll das denn sein?", fragte Roland Schlumm.

„Wo haben Sie das Ding her?", fragte der Techniker.

„Zu Frage A:", antwortete die Frau, „das ist Martin Luther. Zu Frage B: aus irgendeinem Shop."

Die beiden Männer sahen die Frau verständnislos an. Martin Luther? Auf einem Einkaufschip?

„Ich bin katholisch", sagte Roland Schlumm.

„Ich bin Atheist", sagte der Techniker.

„Ich bin Muslima", sagte die Frau.

Roland Schlumm und der Techniker fragten die Frau fast ein wenig vorwurfsvoll, was sie als Muslima mit Martin Luther zu tun hatte.

„Nichts", erwiderte sie. „Ich weiß auch gar nicht genau, wer das ist oder war."

„War!", wusste Roland Schlumm. „Er hat vor, glaube ich, so etwa fünfhundert Jahren gelebt und die Kirche gespalten."

Der Techniker lachte. Das ging ihm als Atheisten am Hut vorbei. Interessant war nur, er wurde wieder ernst, wieso eine Muslima einen christlichen Reformator in den Schlitz eines Einkaufswagens steckte.

Die Frau seufzte. Weil dieser Reformator-Chip nicht versagte wie die Euromünze. Das war verständlich. Der Techniker nickte. Roland Schlumm nickte ebenfalls. Weil ihm plötzlich eine Idee durch den Kopf schoss.

„Wie viel haben Sie für einen Chip bezahlt?", fragte er die Frau. Was? Nichts? Das durfte wohl nicht wahr sein. Wo war der Shop, der diese Wunderchips verschenkte?

„Wunderchips ist gut." Der Techniker lachte schon wieder. War der Kirchenspalter für den katholischen Supermarktbesitzer plötzlich ein

Heiliger geworden? Ein Wunderheiler, der das Wunder vollbrachte, die Einkaufswagen aus ihrer Halterung zu lösen.

„Werden Sie bitte nicht komisch!", fuhr Roland Schlumm den Techniker an. „Wenn Sie nicht versagt hätten, müsste ich jetzt nicht umdisponieren."

Der Techniker war beleidigt. Trotzdem siegte seine Neugier. Was hieß in dem Fall umdisponieren?

„Ist doch logisch", entgegnete Roland Schlumm. „Ich suche jetzt sofort diesen Shop auf und kaufe alle Chips, die dort lagern."

Der Techniker lachte zum dritten Mal. Der Shop verschenkte doch offenbar die Chips, wie die Kundin mit dem Kopftuch gerade verraten hatte.

„Ich will nichts geschenkt", sagte Roland Schlumm und fragte die Frau nach der Adresse des Shops. Gleich um die Ecke? Wunderbar. Dann konnte er zu Fuß hingehen. Dankbar drückte er der Frau die Hand. „Sie haben uns sehr geholfen."

„Maassalama", erwiderte die Frau. Und als sie Roland Schlumms Nichtverstehen bemerkte, fügte sie hinzu: „Das ist Arabisch und heißt auf Deutsch: Das Heil begleite dich."

„Na, dann auf zum Heil!", flachste der Techniker. Roland Schlumm warf ihm einen warnenden Blick zu. Man merkte doch gleich, dass der Mann Atheist war. Keine Achtung vor nichts. Im Bewusstsein, ganz anders zu sein, machte er sich auf den Weg und betrat bald danach den Shop.

Anfangs verstand die Frau an der Kasse nicht, was er wollte. Chips aufkaufen? Was für Chips? Einkaufschips? Ach so, die Dinger da im Regal links. Die mit dem Martin Luther. Die waren eigentlich nicht zu verkaufen. Die bekam man als Geschenk, wenn man einen Einkauf ab zehn Euro vorweisen konnte.

Roland Schlumm wollte keinen Chip als Geschenk haben. Er wollte alle Chips kaufen, die dort im Regal lagen. Und falls noch mehr davon irgendwo lagerten, war er auch an denen interessiert.

Die Verkäuferin zögerte. Beschloss, den Besitzer des Shops anzurufen. Roland Schlumm klopfte ungeduldig mit dem Fuß auf den Boden. Ihm lief die Zeit davon. Seine Kunden warteten auf Einkaufswagen. Die Verkäuferin wählte die Nummer des Besitzers, erklärte umständlich den Grund ihres Anrufs.

„Warum geht das nicht?", fragte sie ins Telefon. „Weil wir einen gewissen christlichen Auftrag

 120

haben? Wieso das denn? Ach so, weil da Luther …" Weiter kam sie nicht. Roland Schlumm riss ihr das Telefon aus der Hand. Er war es gewohnt, wichtige Verhandlungen selbst zu führen. Er stellte sich dem Shop-Besitzer kurz vor, fragte, wo das Problem wäre. Er wollte doch nur die Chips kaufen. War das denn so schwierig? Er hätte gerade etwas von christlichem Auftrag gehört. Genau den spürte auch er. Und genau aus diesem Grund wollte er genau diese Einkaufschips in Umlauf bringen. „Ich werde die Chips ebenso wie Sie verschenken. An Hunderte, ja Tausende Kunden und Kundinnen. Nicht nur an solche, die einen Einkauf von zehn Euro getätigt haben."

Der Besitzer zögerte noch immer. Bis Roland Schlumm ihm eine Summe nannte, die wesentlich höher war als die, die ihn die Chips gekostet hatten. Umsonst waren sie jedenfalls nicht gewesen. Für eine gute Reklame musste man eben auch etwas springen lassen. Außerdem waren die Chips auch nicht nur zu Reklamezwecken gedacht. Sie sollten verdeutlichen: Dieser Shop ist kein Allerweltsshop. Dieser Shop fühlt sich dem großen Reformator Martin Luther verbunden und zeigt damit Flagge. Evangelische Flagge.

„Ein wundervoller Grundsatz", lobte Roland

Schlumm, „dem ich mich auch verpflichtet fühle."

Dieser Satz und noch etwas mehr auf die anfangs angebotene Summe draufgelegt, ließ den Besitzer endlich sagen: „Also gut. Damit wäre das Geschäft besiegelt." Roland Schlumm rieb sich die Hände. Dass er als Katholik eigentlich nichts mit einer evangelischen Flagge zu tun hatte, ging den Chipverkäufer nichts an. Das war ja auch ganz gleichgültig. Jetzt war einfach nur wichtig, die Einkaufschips zum Supermarkt zu bringen. Und zwar so schnell wie möglich.

Schon von Weitem sah Roland Schlumm, wie frustrierte Kunden und Kundinnen ihre Euromünze wegsteckten, dem Einkaufswagen und damit dem Supermarkt den Rücken kehrten und zum Parkplatz strebten. Er rannte los, um sofort Abhilfe mit den Chips zu schaffen. Da sah er ihn stehen. Vor der Tür. Rauchend. Martin Luther. Nein, er ähnelte Martin Luther nur ein bisschen, der Verkäufer Olaf Schramm. Fand Roland Schlumm jedenfalls und war begeistert von seiner Idee.

Im Büro erklärte er dem ganz verdutzten Olaf Schramm, warum und zu welchem Zweck er sich jetzt von einer Maskenbildnerin in den gro-

122

ßen Reformator verwandeln lassen musste. „Und dann stehen Sie bei den Einkaufswägen und überreichen jeder Kundin, jedem Kunden, einen Martin-Luther-Einkaufschip." Olaf Schramm war einverstanden. Endlich mal etwas anderes als die tägliche Routine.

Und so kam es, dass eine Stunde später ein Mann im schwarzen Lutherrock und Baskenmütze bei den Einkaufswagen des Supermarkts stand und Einkaufswagenchips verteilte. Die potenziellen Käufer und Käuferinnen waren begeistert. Schnell sprach sich diese als Sensation empfundene Geschenkaktion in der Stadt herum. Die Menschen strömten in Massen herbei. Der Parkplatz erwies sich als zu klein. An den Kassen standen lange Schlangen. Roland Schlumm gratulierte sich selbst und freute sich jetzt schon auf die Abrechnung am Abend. Dass die Haushälterin eines katholischen Priesters ihm kurz vor Ladenschluss vorwarf, die katholische Mutter Kirche verraten zu haben, nahm er nicht weiter tragisch. Immerhin hatte sie einen übervollen Einkaufswagen zur Kasse gefahren. Mit ruhigen, gesetzten Worten erinnerte er sie an die häufig beschworene Ökumene, der sich alle Christen verpflichtet fühlen sollten. Trotzdem bestand die Frau darauf, dass bei der nächsten ökumenischen Aktion des Supermarktes der Papst berücksichtigt werden sollte.

„Kein Problem", sagte Roland Schlumm und gab eine direkte Bestellung an die Fabrik auf, die die Luther-Chips herstellte. Wesentlich billiger als die Chips vom Shop. Gleichgültig. Roland Schlumm trank einen Kognak und träumte in der Nacht von der Frau mit Kopftuch. „Das Heil begleite dich", flüsterte sie ihm im Traum ins Ohr. Er lachte. Genau das war eingetreten. „Nein, ich meine das Heil!", sagte sie ein wenig lauter und brüllte gleich darauf: „Das Heil! Verstehst du?"

„Nein", erwiderte Roland Schlumm und wachte auf.

AUF EINER PARKBANK IN BERLIN

Lutherin: Einkaufswagenchip. Was die Menschen alles erfunden haben. Irgendwie verwirrend.

Luther: Verwirrend? Ich kann dazu nur wieder einmal mich selbst zitieren: „Fortschritte machen ist nichts anderes als immer wieder von vorn anfangen."

Lutherin: Verstehe ich in dem Zusammenhang nicht. Mach dir nichts draus. Davon abgesehen: Was empfindest du, wenn du dich auf so einem Chip abgebildet siehst?

Luther: Ärger. Wut. Zorn.

Lutherin: Aber sei nicht allzu verzagt, mein lieber Luther. Wir haben ja noch längst nicht alles erlebt, was im Lutherjahr so passiert ist.

Luther: Überall im Land haben wir an meinem Lutherjahr teilgenommen. Und viele Menschen gehört, von denen die meisten leider nicht viel zu sagen hatten.

Lutherin: Das ist leider wahr.

Luther: Und deshalb bin ich jetzt einfach nur sauer.

Lutherin: Ach, Luther, vielleicht war das alles nur Zufall.

Luther: Warte, mir kommt gerade eine Erleuchtung. Ja, genau! Wir haben die falschen Leute erlebt. Die im Grunde keine Ahnung von meiner Bedeutung haben.

Lutherin: Möglich. Aber wie finden wir die richtigen?

Luther: Ganz einfach. Wir gehen ab jetzt nur noch in Kirchen, besuchen Luther- und Reformationsfestakte, hören uns Vorträge über mich und mein Werk an.

Lutherin: Gute Idee. Da wird sich deine Laune bessern. Den einfachen Leuten aufs Maul schauen macht eben manchmal keinen rechten Spaß.

Luther: Nun ja, das ist auch nicht ganz richtig. Nur manchmal. Also auf, liebe Lutherin, gehen wir los! Beginnen wir unseren Gang durchs Lutherjahr noch einmal von vorn. Mit dem gleichen Spruch von mir, mit dem wir losgegangen sind: „Wir sind's noch nicht, wir werden's aber. Es ist noch nicht getan und geschehen, es ist aber im Gange.